Johannes Gutmann

Wer spinnt, gewinnt!

Geschichten über Freude, Mut & Bauchgefühl

Aufgeschrieben von Christine Haiden

Inhalt

Vorwort

Seite 6

KAPITEL 1

Wer im Waldviertel wächst

Seite 10

KAPITEL 2

Eine Lederhose macht Karriere

Seite 24

KAPITEL 3

Von Handschlag und Handarbeit

Seite 38

KAPITEL 4

Vom Stallgeruch, der Nestwärme und dem Loslassen

Seite 54

KAPITEL 5

Meine Lebensmenschen

Seite 66

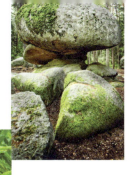

KAPITEL 6

Von Stolpersteinen und dem Stein der Weisen

Seite 78

KAPITEL 7

Einmal um die ganze Welt

Seite 92

KAPITEL 8

Wofür die rote Brille gut ist

Seite 108

KAPITEL 9

Der nächste Schritt ist der beste

Seite 120

KAPITEL 10

Schau ma, mach ma, tua ma

Seite 136

HANNES' LEIBSPEIS'

Rezepte

Seite 154

Vorwort

Ich war als Kind ein kleiner, schmächtiger Bub. Wenn ich mit meinem alten Rad durch das Dorf gefahren bin, habe ich gerne mit den Leuten geplaudert, mir ihre Geschichten angehört und versucht, selbst auch welche zu erzählen. Denn wer die besten Geschichten erzählen konnte, der zählte was, das habe ich von meinem geliebten Dorfgreißler gelernt. In meiner Kindheit war ich nicht der Fleißigste, mochte die schwere Feldarbeit nicht und Bauer wollte ich sowieso nicht werden.

Aber was tun nach der Schulzeit? Ich wollte doch einfach in meinem kargen, aber geliebten Waldviertel bleiben und eine sinnvolle Arbeit haben. Eins und eins konnte ich immer schon zusammenzählen. So habe ich die freie Zeit nach meinem letzten Rausschmiss genützt, um Ideen zu spinnen. Ich habe gesehen, dass im Waldviertel Kräuter von unvergleichlicher Qualität wachsen und keiner Zeit und Ideen hatte, diese zu verkaufen. Die Bio-Kräuterbauern hatten keinen Absatz und bekamen keinen gerechten Lohn für ihre Arbeit. Da sah ich meine Chance: Ich wollte Lebensfreude, Kreislaufwirtschaft und es sollte allen miteinander gutgehen – heute heißt das Gemeinwohl.

Die drei Bio-Kräuterbauern Kainz, Bauer und Zach haben dann praktisch mit mir zusammen SONNENTOR begründet. So hat alles begonnen. Heute ist SONNENTOR ein internationales Unternehmen, das alleine im Waldviertel mehr als 300 Menschen Arbeit gibt, das in Europa und darüber hinaus vielen kleinen Bauern eine gute Existenz ermöglicht. Zusammen machen wir die Welt ein kleines Stück lebenswerter – mit Menschenverstand und Bauchgefühl, mit ehrlicher Handarbeit und im Einklang mit der Natur. Und genau darüber kann man viele Geschichten erzählen.

Gehen Sie mit mir in diesem Buch noch einmal den Weg des Bauernbuben Hannes Gutmann aus Brand bei Waldhausen. Treten Sie mit mir durch das Sonnentor und schauen Sie sich um. Philosophieren Sie mit mir darüber, wie wir die Welt zu einem besseren Ort machen können, und lernen Sie viele Menschen kennen, die mir dabei wichtig sind.

Ihr
Johannes Gutmann

Und wenn Sie mich bei SONNENTOR in Sprögnitz besuchen, freu ich mir einen Haxen aus!

Kapitel 1

Wer im Waldviertel wächst

Oder warum ich nicht auf Granit gebissen habe und wie ich auf die Idee kam, Kräuter zu verkaufen

Alles beginnt mit dem Anfang, und der wurde bei mir von meinen Eltern gemacht. Gott sei Dank. Unverhofft kommt oft, sagt man im Waldviertel. Meine Eltern hatten nicht mit einem fünften Kind gerechnet, so wie ich mir später nie hätte träumen lassen, mit SONNENTOR ein ganz spezielles Waldviertler »Baby« in die Welt zu setzen. Aber das erzähle ich später. In meiner Geschichte geht es um die Freude, die wächst, wenn etwas wächst – Menschen, Natur, Genuss, Gemeinwohl. Alles, was gedeihen soll, braucht Wärme, will umsorgt, beachtet und geschätzt werden. Das Waldviertel ist von Natur aus, sagen wir es so, etwas herb. Gelegentlich färbt das auch auf den Umgang miteinander ab. Glücklich, wer in ein warmes Nest geboren wird. Ich habe nie daran gezweifelt, dass ich gewollt war, auch wenn es im Scherz manchmal geheißen hat: »Du hast uns gerade noch gefehlt!« Es klingt vielleicht etwas pathetisch, aber ich hatte immer ein Zuhause. Einfach einen Platz und Menschen, wohin ich ohne Vorbehalt zurückkehren konnte. Als ich mich beruflich selbstständig gemacht habe, fürchteten meine Eltern sich vermutlich mehr als ich mich selbst. Mit ihrer pragmatischen Zuneigung haben sie mir dennoch alles gegeben, was ich von ihnen damals gebraucht habe:

> **»Wir können dir zwar nichts dazuzahlen, aber wenn du ein Dach über dem Kopf, ein Bett oder eine Suppe brauchst, kannst du immer kommen – nur mach uns keine Schande!«**

Versprochen!

Ich besuche meine Mutter gerne. Mit ihren über 90 Jahren plagt sie schon manches Zipperlein, aber sie ist noch ganz fit im Kopf. Wenn wir miteinander Karten spielen, erzählen, plaudern, scherzen, entsteht diese ganz spezielle, selbstverständliche Vertrautheit und Wärme, die ich so liebe. Wir mögen und brauchen einander, das genügt. Auch auf meinen Vater, der 2009 von uns gegangen ist, konnte man sich immer verlassen. Als ich den alten Bauernhof in Sprögnitz gekauft habe, hat er zwar gesagt: »Bua, du hast einen Vogel«, aber er hat mir oft geholfen, aus der Ruine das Nest für meine Familie und für SONNENTOR zu bauen. Zur Nestwärme gehört auch die Reibungswärme. Das habe ich daheim gelernt. Jeder hat seine Ecken und Kanten, und manchmal gibt es Gespräche, die nicht so lustig sind. Aber am Ende redet man sich zusammen. Das ist allemal besser, als hinter vorgehaltener Hand übereinander zu schimpfen.

Wer im Waldviertel groß wird, nährt sich aus kargem Boden. Das war in unserer Familie nicht anders. Und es prägt. Meine Eltern hatten im kleinen Ort Brand bei Waldhausen eine Landwirtschaft. Wir waren Selbstversorger. Eine Dirn, wie man zur Magd bei uns sagt, wäre für einen kleinen Bauernhof finanziell nicht tragbar gewesen. Deshalb musste Anna, meine älteste Schwester, gleich nach der Pflichtschule mit 14 Jahren ihren ersten Job antreten. Sie wurde Hausmädchen. Das war so bei den Bauern. Von ihrem kleinen Verdienst hat sie mir sogar eine Schulhose finanziert. Es war selbstverständlich, in der Familie zu teilen. Hermine, die zweitälteste Schwester, durfte noch eine Haushaltsschule absolvieren und hat danach gleich den Dienst in einer Bäckerei angetreten. Mein ältester Bruder Hermann ist mit zehn Jahren ins Internat gekommen und später ins Priesterseminar. Es war üblich, dass einer von einer größeren Kinderschar Pfarrer werden sollte. Das ist er aber nicht geworden, sondern Polizist in Wien. Er verunglückte leider bei einer Bergwanderung. Mein älterer Bruder Fredl und ich blieben nach dem Abgang der Geschwister mit den Eltern daheim übrig. Wir beide haben es uns immer gegeben. Ich war das Nestscheißerl und der Fredl hat seinen Rang behauptet. Für uns war es normal, bei den täglichen Arbeiten am Hof mitzuhelfen. Dabei habe ich ihm gerne den Vortritt gelassen, besonders wenn es darum ging, Steine aus den Feldern zu klauben. Das war keine Arbeit für mich! Ich empfand das Helfen beim Anbauen im Frühjahr schon als kalt und grauslich, und dann sind diese Steine jedes Jahr wieder aus den Tiefen der Erde nach oben gekommen und mussten gebückt eingesammelt werden, um den Ertrag ein wenig zu steigern.

Harte Arbeit, karger Lohn, der Spruch könnte bei uns erfunden worden sein.

Die Angst vor der Not, die Sorge, einmal nichts zu essen zu haben, war bei unseren Eltern noch spürbar. Sie haben uns öfter von den Existenzängsten früherer Zeiten erzählt. Wir Gutmann-Kinder mussten nie Hunger leiden. Wenn meine Mutter auf den Feldern arbeitete und uns keine Mahlzeit herrichten konnte, sagte sie: »Du weißt, wo die Brotdose, die Butter und das Schmalzfass sind!« So ist man gegangen und hat sich selbst etwas zu essen geholt. Mit einer solchen Erziehung lernt man das Einfache schätzen und ist zufrieden mit dem Vorhandenen. Zugekauft wurde bei uns daheim ganz wenig, und weggeworfen praktisch nichts. Wir hatten keinen Mülleimer. Was wir nicht gegessen haben, wanderte in die Mägen der Tiere, und was die ausgeschieden haben, auf die Felder. Von dort kam das Essen wieder zu uns zurück. Im Kreislauf zu denken habe ich daheim gelernt. Ohne Theorie, ganz praktisch, selbstverständlich und als das Natürlichste der Welt.

Wenn ich überlege, was mich geprägt hat, war es vielleicht von Vorteil, als Jüngster in die Familie gekommen zu sein. Ihm sieht man am meisten nach. Während die anderen schnell für ihren Unterhalt sorgen mussten, hatte ich etwas

Narrenfreiheit. Ich trieb mich gerne im Dorf herum und war bei jedem Blödsinn dabei. Der Vater hat zu mir oft gesagt: »Du bist ein frecher Hund!«, und dabei gelacht. Neugierig und offen wie ich war, habe ich immer gerne mit Menschen geredet. Nichts konnte mich so faszinieren, wie die spannenden Geschichten der anderen. Aber ich konnte auch selbst gut erzählen, mit Witz und Schmäh habe ich die Lacher und die Zuhörer schnell auf meiner Seite gehabt. Man merkt sich schon als Kind, womit man Erfolg hat – und kann so seine Stärken ausbauen. Schulisch war ich beispielsweise nicht der Fleißigste. Aber dank meiner Redebegabung und meiner Unerschrockenheit war ich ein engagierter Schulsprecher. Das war für mich eine prägende Erfahrung, für die ich sehr dankbar bin. Ich lernte mit Autoritäten zu verhandeln, Ungerechtigkeiten beim Namen zu nennen, ich konnte bei Redewettbewerben teilnehmen und kam durch Versammlungen der Schulsprecher aus ganz Österreich auch immer wieder über Zwettl hinaus.

Nach der Matura an der Handelsakademie Zwettl war ich unschlüssig, was ich als Nächstes angehen sollte. Wie viele andere auch, entschied ich nach dem Bundesheer, mich für ein Studium zu inskribieren. Deswegen war ich für zwei Wochen Gast an der Wirtschaftsuniversität in Wien. Ich habe aber schnell gemerkt, dass ein Studium nichts für mich ist – zu viel Theorie, zu wenig Praxis. Also bin ich zurück ins Waldviertel. Nun hieß es, Geld verdienen, auf eigenen Füßen stehen. Ich bekam glücklicherweise einen Job im »Waldviertel Management«, dann wechselte ich zu »Zwettler Bier«, verdingte mich in der Holzfirma Schweighofer, in einem Reisebüro und zuletzt bei »Waldland«. Alles in allem habe ich in vier Jahren Jobrotation viele wertvolle Erfahrungen gesammelt, aber dann war ich von April bis Juli 1988 arbeitslos. Meine Mutter verzweifelte mit mir: »Du weißt noch immer nicht, was du willst!« Das stimmte nicht. Jetzt wusste ich, was ich wollte: Ich wollte selbstbestimmt meine eigenen Ideen umsetzen und entschloss mich, Unternehmer zu werden.

War es Zufall oder Bestimmung? Als ich wusste, was ich will, haben sich die richtigen Wege eröffnet. Bei meinem letzten Arbeitgeber »Waldland« hatte ich Kontakt zu den ersten Biobauern in Niederösterreich bekommen. Sie bauten Kräuter, Mohn und Kümmel an, was für sich schon eher ungewöhnlich war. Außerdem hatten die Biobauern noch etwas Besonderes an sich: Sie jammerten nicht! Sie erzählten andere Geschichten. Sie sprachen von sinnvoller Landwirtschaft, von harmonischen Kreisläufen, von wertvollen Lebensmitteln. Sie beschäftigten sich mit dem Boden und erzählten mir, dass in einer Handvoll gesunder Erde mehr Lebewesen sind als Menschen auf der ganzen Welt leben. Vermutlich habe ich ihnen mit offenem Mund zugehört. Mir schien das so einleuchtend, so nachvollziehbar. Der Boden und seine Fruchtbarkeit sind unsere Lebensgrundlage. Mitte der 1980er-Jahre haben das mit der aufkommenden Ökologiebewegung immer mehr Menschen verstanden. Intuitiv habe ich gewusst: Da ist mein Platz, da fange ich jetzt als Unternehmer an. In den Gesprächen mit den Bauern habe ich gespürt, dass viele keine Zeit und auch oft kein Talent zum Verkauf hatten. Wo hätten sie es auch lernen sollen? Das wurde ihnen alles seit Jahrzehnten abgenommen, wenn sie an Genossenschaften und Großabnehmer geliefert haben. Die Alternative, eine eigene Direktvermarktung, bedeutete viel Aufwand. Also fehlte hier jemand, der die tollen Produkte der Biobauern auf kurzem Weg zu denen bringt, die sie schätzen und wollen. Diese Aufgabe schien wie für mich gemacht.

Gedacht, getan. Ich habe fünf Bauern in ein Gasthaus nach Zwettl eingeladen, ihnen von meinen Ideen erzählt und sie gefragt, ob sie mich als »Einzelkämpfer« mit Kräutern beliefern würden. Drei waren einverstanden. Sie sind meine Pioniere: Familie Kainz, die einen der ersten Demeter-Betriebe in Österreich führt, Familie Zach, die bereits viel Erfahrung im Kräuteranbau mitgebracht hat, und Familie Bauer. Ich war glücklich. Der Grundstein für das Fundament von SONNENTOR war gelegt.

Nun ging es erst richtig los. Wie fange ich mein Unternehmen an? Ich wusste, dass ich Biokräuter und Biogewürze verkaufen wollte. Als Erstes kam die Recherche, was es am Markt bereits gibt. In Drogerien, Apotheken und Supermärkten habe ich Kräuter- und Gewürzpackerl gekauft, sie ausgeleert und geschaut, was drinnen ist. Was ich zu sehen bekam, hat mich einigermaßen verblüfft: braune Pflanzenteile, Stängel, Blätterbrösel, Staub, alles auch noch grauslich und bitter im Geschmack, oft keine Spur von natürlichem Aroma, dafür umso öfter von chemischen Aromakeulen. Nach dieser privaten Marktforschung habe gewusst, wohin ich mich nicht bewegen will. Die Gegenrichtung war mein Ziel:

Ich wollte zu 100 Prozent Bioware. Ich habe gewusst, dass wir im Waldviertel genau das haben, wonach die Menschen suchen.

Mit Pfefferminze, Kamille, Brennnessel, Käsepappel, Melisse, Salbei und sechs Kräuterteemischungen bin ich in das Unternehmerabenteuer gestartet. Jeder meiner drei Bauern sollte zwei einzelne Kräuter und zwei Mischungen beisteuern, ich war für Organisation, Transport und Vermarktung zuständig. Jeder konnte nach seinem Talent und Können zum Gelingen des Ganzen beitragen. Das war für mich Kooperation auf Augenhöhe. So ist Wertschöpfung mit Wertschätzung entstanden. Nicht auf dem Reißbrett, sondern in der Praxis hatte ich im Nu Leitbild und Unternehmensvision von SONNENTOR gefunden.

Ich hatte mir außerdem vorgenommen, jedes Jahr einen Arbeitsplatz zu schaffen. Meine Mutter redete mir ins Gewissen: »Nimm ja keine Leute auf, die sind zu teuer, du kannst dich ja selbst noch nicht erhalten!« Für diesen kritischen

Einwand bin ich ihr dankbar, denn er hat mich auf eine Idee gebracht. In den Bauernhöfen leben viele ältere Menschen. Ich war überzeugt, dass sie 50 g Kräutertee in einzelne Packungen abfüllen können, egal ob hineingezittert oder zügig erledigt. Ich habe mir ausgerechnet, es sollte möglich sein, 60 Packungen pro Stunde abzupacken und habe dafür einen fairen Stundenlohn vorgeschlagen. Bingo! Das passte alles wunderbar zusammen. Plötzlich war das Zittern wieder etwas wert!

Die ersten vier Jahre mit SONNENTOR waren sehr intensiv. Echte Lehrjahre. Meine Universität war der Bauernmarkt in Zwettl, wo ich jeden Samstag mit meiner Ware gestanden bin. Dort sagt dir jeder sehr direkt, was ihm gefällt und was nicht. Den entscheidenden Impuls liefert immer zuerst das Auge. Ich habe von Anfang an Blüten wie Ringelblumen, Kornblumen, Rosen in die Rezeptur meiner Kräuterteemischungen gegeben. Oma Zach hat aus eigenem Antrieb begonnen, Blüten in das Sichtfenster unserer Kräuterpackungen zu stecken. Damit war sofort sichtbar, was drinnen ist: Blüten, Freude, Sonne, Wohlbefinden. Eine grandiose Idee! Sofort haben alle anderen Abpacker sie übernommen. Bis heute sind die Blüten im Sichtfenster ein unverkennbares Markenzeichen der Handarbeit, die wir bei SONNENTOR mit Hingabe pflegen. Wer zuhört, kreativ ist, mit den Leuten redet und andere auch zum Zug kommen lässt, bringt was weiter.

Von den Raunzern habe ich mich nicht beirren lassen. Die waren ohnehin überzeugt: »Das wird nie etwas! Bitte, was du dir antust! Wenn das ginge, hätte das schon einer vor dir gemacht.«

Eigentlich wollte ich damals mit SONNENTOR in Zwettl expandieren. Deshalb habe ich ein kleines Haus gekauft, um Platz für meine damals noch ganz junge Familie und auch für die Waren zu haben. Aber in Zwettl habe ich als »grüner Spinner im schwarzen Meer« gegolten. Ich war politisch abgestempelt, weil ich mir erlaubt hatte, auf einer Bürgerliste anzutreten, die der dominierenden Partei massive Verluste beschert hat. Trotzdem ist in der Stadt wenig in Bewegung gekommen. Warum auf die anderen warten? Deswegen habe ich mich bewegt – hinaus aus der Stadt, auf ins Dorf! In Sprögnitz konnte ich mit SONNENTOR Wurzeln schlagen. Ich bin glücklich geworden. Alles passt bestens zusammen: Ich komme aus dem Dorf und ich verkaufe bäuerliche Produkte. Meine Firma und meine Vision gehörten in die Bäuerlichkeit und ins Dorf. Dort anzukommen, habe ich wie einen warmen Regen empfunden.

Mein eigentliches Gründungskapital für SONNENTOR habe ich in Sprögnitz bekommen. Damit meine ich nicht die 15.000 Euro mit einem geförderten Zinssatz von vier Prozent, vom Land Niederösterreich und der Wirtschaftskammer zur Verfügung gestellt, sondern der Kauf des alten Bauernhofes. Ich hatte mir ausgerechnet, was 8000 Quadratmeter Grund in der Stadt Zwettl gekostet hätten – im Industriegebiet rund 600.000 Euro. Dieselbe Grundfläche mit Bauernhofruine ging in Sprögnitz um 35.000 Euro her. Dazu bestand die Aussicht, gegebenenfalls auch wachsen zu können. Ich habe den alten Bauernhof gekauft, aber weiterhin in Zwettl gewohnt. Damals hätte ich weder Zeit noch Geld gehabt, das Gebäude aufwendig zu renovieren. An den Wochenenden habe ich begonnen, die Ruine zusammen mit ein paar Helfern und meinem Vater wieder bewohnbar zu machen. Das ging so lange gut, bis ich wegen Pfusch am Bau angezeigt und bestraft wurde. Die Helfer waren fort. Mein Vater und ich sind übrig geblieben. Freitag, Samstag, Sonntag standen fortan im Zeichen von Umbauarbeit. Auch das habe ich schließlich geschafft.

Wer im Waldviertel wächst

HANNES MIT VIER JAHREN

ANNA, DIE UM 10 JAHRE ÄLTERE SCHWESTER,
UND DER IM JÄNNER 1992 GEKAUFTE
BAUERNHOF IN SPRÖGNITZ

FAMILIENFOTO SOMMER 1969,
ANNA, MAMA BERTA, ALFRED, HANNES,
HERMANN, PAPA IGNAZ UND HERMINE (V.L.N.R.)

BEI DER KARTOFFELERNTE 1970,
HANNES MIT FÜNF JAHREN

Dann sind meine damalige Frau Manuela, meine erste Tochter Susanna, mein erster Mitarbeiter und ich in Sprögnitz eingezogen. Wir sind alle um einen Tisch gesessen, haben gemeinsam gearbeitet und gemeinsam gegessen. Wie es eben auf einem Bauernhof im Waldviertel schon immer üblich war.

1992 hatte ich bereits um die hundert Produkte im Sortiment: Kräutertees, Küchenkräuter, Sirupe, Honig. Meine Idee wurde verstanden: frische Biokräuter aus dem Waldviertel, direkt vom Bauern mit Liebe und Sorgfalt geerntet, getrocknet, gemischt und auf dem Hof verpackt. Der Erfolg machte andere Bauern neugierig. Sie überlegten, ebenfalls für SONNENTOR zu produzieren. Skeptisch fragten viele, warum sie anders produzieren sollten als bisher, was biologisch von konventionell erzeugten Kräutern unterscheide. Ich habe das ganz einfach erklärt: »Schaut, was ihr an Glumpert und Gift auf die Felder spritzt, bekommt ihr auf eure Teller zurück. Wollt ihr das?« Für die meisten war die Antwort klar: »Nein.« Viele Bauern wollten diese minderwertigen Nahrungsmittel zwar verkaufen, aber selbst nicht essen. Die Logik des vorherrschenden industriellen Landwirtschaftens war: »Wir müssen immer mehr vom Gleichen produzieren. Wir müssen immer mehr Kunstdünger und Spritzmittel einsetzen. Die Arbeitskräfte sind zu teuer, stattdessen kaufen wir einen größeren Traktor, der noch mehr Fläche auf einmal bearbeiten kann.« Selbst wenn viele das so machen, wird es nicht besser. Ich wollte da nicht dabei sein. Und viele Bauern, die sich entschlossen haben, mit uns den Weg in die Nachhaltigkeit zu gehen, auch nicht.

Meine ersten drei Bauern Zach, Bauer und Kainz mussten sich aber erst einmal noch belächeln lassen, weil sie auf den jungen Spinner mit der Lederhose gesetzt hatten. Der Mann von Helga Bauer traute sich anfangs nach der Kirche nicht mehr ins Gasthaus, weil er den Spott seiner Stammtischfreunde gefürchtet hat. Kräuter? Und so viel Handarbeit? Der Bauer ist für viele nur Rohstofflieferant, er ist der Letzte in der Verkaufskette und wird oft mit dem Preis gedrückt. Ich habe ihn immer auf Augenhöhe gesehen, als Mitunternehmer. Nach den ersten Aufträgen haben sich meine Bauern gesagt: »Der hat immer alle Rechnungen bezahlt und uns geht es gut.« So ist das Vertrauen gewachsen. Und ich bin vom unerwarteten Nachzügler zum glücklichen Unternehmer geworden. Weil ich die Ressourcen genützt habe, die ich mitbekommen habe und die im Waldviertel reichlich vorhanden sind. In unserer Gegend stößt man unter der Erde bald einmal auf Granit. Aber was zwischen den Steinen wächst, entwickelt starke Wurzeln und knickt auch durch Stürme nicht so schnell.

»Zuerst verlacht, dann betracht, dann nachgemacht«, sagte mir Oma Zach öfter mit einem zufriedenen Unterton in der Stimme. Wie recht sie doch hat.

HELGA UND JOSEF BAUER 1991

ANBAUBESPRECHUNG 1990 MIT DEN KRÄUTERBAUERN ZACH, BAUER UND KAINZ IN GEBHARTS

ERSTER AB-HOF-LADEN IN SPRÖGNITZ 1994

FLEISSIGE HELFER 1991 IM CARITAS TAGESHEIM ZWETTL BEIM KÜMMELABFÜLLEN

Wer im Waldviertel wächst

AUCH GUT ZU WISSEN

Das SonnenTor

Eine kurze Geschichte des Waldviertels und seiner Bauern

Ganz sicher kennen Sie schon die Geschichte des Sonnentors! Oder irre ich mich? Unsere Waldviertler Bauern waren lange unfrei – bis 1848 im Dienst der Grundherren und meist arm wie die Kirchenmäuse. Wer es einmal zu einem Besitz gebracht hatte und sich aus der Vormundschaft in die Freiheit gelöst hatte, zeigte das am Einfahrtstor zu seinem Hof. Eine Sonne schmückte als Zeichen der gewonnenen Freiheit und Lebensfreude den Zugang zum Besitz. Dieses Symbol steht am Anfang unserer Firma SONNENTOR. Meine Sonne musste 24 Strahlen haben und lachen! Das Sonnentor ist tief verwurzelt in der Geschichte unseres Landstrichs und ein Symbol, das man mit Herz und Hirn verstehen kann. Das karge Land nördlich der Donau gehört zum Böhmischen Massiv, aus Granit gewachsen, hart, aber herzlich. Was heißt, es wächst nicht viel und das muss noch den kühlen Winden trotzen. Für den Anbau von Kräutern ist das ideal. Das langsame Wachstum reichert die Pflanzen mit den wertvollen ätherischen Ölen und Inhaltsstoffen an. Die Pflanzen sind widerstandsfähiger: Das riecht man, wenn man die Blätter der Waldviertler Kräuter zerreibt oder die Gewürze zerstößt.

Was im Waldviertel wächst

AUS DER BAUERNFAMILIE

Kurt Kainz

Lindenblüte
Lindenblüten vertreiben Hustenreiz und Fieber, sie beruhigen und wirken als Tee, gesüßt mit etwas Honig, kleine Wunder.

Kurt Kainz ist einer der ersten drei SONNENTOR Bauern. Wer auf seinen kleinen Biohof in Drösiedl nahe Waidhofen/Thaya kommt, spürt, dass Kurt eingebettet in den Kreislauf der Natur arbeitet. Früher war er Weber, dann hat er umgesattelt und lebt seine Liebe zur Natur auf wenigen Hektar Land rund um sein Haus in unglaublich prächtigen Kräuterkulturen aus.

Für Kurt existiert das Wort Unkraut so wenig, wie Sorgenfalten seine Stirn zerfurchen. Ein Mensch wie er, im Einklang mit der Natur und dem, was er mit ihr schafft, scheint immer ausgeglichen und fröhlich. Seine Schwiegertochter Elisabeth hat inzwischen den Hof übernommen und mit ihm diese Zufriedenheit und die große Begeisterung. Sie führt die Demeter-Bewirtschaftung am Kainz'schen Hof weiter, pflegt Kräuter und Beikräuter mit einer Liebe, die weiß, dass im wunderbaren Kreislauf der Natur alles zusammengehört. »Natürlich laufen wir auch viel im Kreis«, gibt Kurt lachend zu, »aber das hält die Kräuter und uns fit.« Er muss es wissen, balanciert er doch schon mehr als acht Jahrzehnte im Kreislauf der Natur.

Kapitel 2

Eine Lederhose macht Karriere

Oder wie ich richtig verkaufen lernte
und Schritt für Schritt eine Marke geschaffen habe

Jeder hat so seinen Spleen. Meiner ist aus altem Leder und mittlerweile mein Markenzeichen geworden. Sie ahnen, was ich meine? Als Jugendlicher habe ich in einem alten Kasten in der Mehlkammer bei uns am Bauernhof zwei alte Krachlederne (wie man bei uns alte, einfache Lederhosen nennt) gefunden. Die eine war zu einem Gutteil schon von Motten verspeist worden, die andere sah noch ganz passabel aus. Sie war schmucklos, abgewetzt und für einen »schmalgepickten« Burschen wie mich ziemlich groß geschnitten. Aber sie hat Aufsehen erregt und war daher gerade richtig für einen Vierzehnjährigen. Den ersten Ausgang mit meiner alten Lederhose habe ich in unserem Dorf gemacht. Sie durfte mich am Faschingssonntag bei meinem Umzug als Faschingsnarr begleiten. Damals war es üblich, dass man für eine gute Maskerade ein paar Schilling geschenkt bekommt. Die Krachlederne hat jedenfalls für die Gaudi der anderen gesorgt. Das habe ich mir gleich gemerkt. Im Jahr darauf hatte ich meinen ersten Schulskikurs. Den Kursbeitrag hatte ich mir im Sommer durch einen Job im nahen Sägewerk verdient, aber an die Skikleidung hatte ich nicht gedacht. In meinem Kasten hing eine Skijacke, aber keine Hose. Kurzerhand packte ich meine Lederne ein. Mit einer langen Unterhose darunter war sie sehr funktionell und ich mit ihr originell. Schon nach der ersten Abfahrt rückte mir ein Berliner auf die Pelle und wollte mir mein Schmuckstück abkaufen. Das kam natürlich nicht infrage. Jetzt, wo ich merkte, wie spektakulär die Kombination von ihr und mir war, war sie für höhere Weihen vorbestimmt. Der nächste Einsatz folgte sogleich. Beim Hüttenabend gab ich den Kasperl mit Lederhose und war in Sachen Lacher unschlagbar. Ich wusste, diese Hose bringt mir Glück.

Ich habe schon erzählt, dass ich ab 1988 auf heimischen Bauernmärkten mit meiner Biokräuterware ganz gute Verkaufserfolge hatte. Nun überlegte ich, wie ich mein Sortiment auch außerhalb der Region einem interessierten Publikum präsentieren könnte. Mir fiel das Inserat für eine Biofachmesse im deutschen Ludwigshafen ins Auge. Das könnte passen! Ich habe mich angemeldet, mein Auto vollgepackt und bin hingefahren. Kurz bevor die Reise losgegangen ist, habe ich mich an meine alte Lederhose erinnert. Mein Glücksbringer und meine Heiterkeitsgarantie! Sie durfte mitkommen. Ich weiß nicht, wer in Ludwigshafen mehr aufgefallen ist, meine Hose oder meine Ware. Jedenfalls war ich von Anfang an unverwechselbar, der Österreicher!

Mit meiner Ledernen habe ich eine Geschichte erzählt, die sich ohne Worte vermittelt: Heimat, Tradition, Bauern.

Das passte ganz zu meiner Linie.

Auf meinen Etiketten prangt seit damals das Sonnentor. Man findet es auf vielen alten Hof- und Scheunentoren des Waldviertels. Die Bauern haben damit gezeigt, dass sie frei von Leibeigenschaft und ihre eigenen Herren sind. Mit der Sonne verbindet sich aber seit jeher auch das Symbol des ewigen, fruchtbaren Kreislaufs der Natur. Konnte es ein besseres Bild geben für das, was ich wollte? Ich war ein Bauernbub, das waren meine Wurzeln, dazu konnte ich stehen. In Ludwigshafen bin ich als etwas schräger, aber lustiger Vogel mit alter Lederhose aufgefallen. Ganz sicher hat man mich unterschätzt. Im Lauf der Zeit habe ich gelernt, das nicht persönlich zu nehmen, sondern als Vorteil zu nutzen. Im Schatten der Großen und Lauten kann man sich in Ruhe ansehen, was die so treiben, man kann davon lernen und eigene Ideen anders umsetzen. Das habe ich damals verstanden und mich bis heute daran gehalten. Ich bin gut damit gefahren.

Was es mit dem Verkaufen auf sich hat, habe ich am Bauernmarkt gelernt und als ich später mit meinem alten, weißen Lieferwagen nach Wien zu den Bioläden gebraust bin. Anfangs habe ich mich bei der Verpackung meiner Ware und den Produktnamen an den Kräuterpionieren orientiert. Die Sackerl waren in dezentem Biobraun, die Namen klangen mehr nach Krankheit als nach Lebensfreude. Wenn ich gemeint hatte, es sei genug, biologische Kräuter einzufüllen, hatte ich mich schwer getäuscht. Meinen »Bio-Morgenmuffeltee« konnte ich bald wieder von Wien mit nach Hause nehmen. Keiner wollte ihn.

Wie so oft in meinem Leben hat mir auch damals eine Frau auf die Sprünge geholfen. Brigitte, ich werde sie nie vergessen, war eine meiner ersten Kundinnen. Sie war Verkäuferin in einem der ersten Bioläden und hat mir ganz geradeheraus gesagt, ich solle doch etwas Positives auf die Verpackung schreiben, damit die Leute gute Laune haben, wenn sie danach greifen. Warum hatte ich selbst nicht daran gedacht? Ich bin doch grundsätzlich Optimist und sehe überall Möglichkeiten statt Probleme. So ist im Handumdrehen aus dem »Morgenmuffeltee« ein »Gute-Laune-Tee« geworden. Ein neuer Name war Schritt eins, dann kam eine neue, gefälligere Verpackung dazu und getoppt wurde die neue Kreation von meiner heiß geliebten Oma Zach, die orange Ringelblumen ins Sichtfenster der Kräutermischungen gesteckt hat. Fertig war die neue Linie. Das waren nun SONNENTOR-Kräuterpackungen, wie ich sie mochte, und denen jeder sofort angesehen hat, mit wie viel Liebe, Handarbeit und Lebensfreude sie zusammengestellt worden waren.

Schritt für Schritt habe ich gelernt, worauf es ankommt, wenn man gut verkaufen will.

1988 war die Biowelle in Österreich noch ein leichtes Gekräusel im großen Meer des Lebensmittelhandels. Aber alle der rund 15 Bioläden wurden, überzeugt von unserer Qualität, bald zu meinen Stammkunden. Daher konnte ich auch bereits im ersten Jahr mit SONNENTOR bescheiden von meiner Arbeit leben. Das hat meine Fantasie angeregt und meinen Mut gestärkt. Ich sah Möglichkeiten, wohin ich schaute. Europa war im Aufbruch. 1989 war das Jahr der großen Veränderungen. Die tschechische Grenze öffnete sich, die Mauer in Berlin fiel. Wir konnten zusammenwachsen und zusammen wachsen.

Damals hatten sich schon große Firmen im Markt der Kräuter, Früchtetees und Gewürze etabliert. In ihrem Fahrwasser entstand Platz für kleine Anbieter. Dazu zählte ich mich. Es wäre sinnlos gewesen, dasselbe wie die Giganten der Branche zu machen. Meine Chance lag darin, eine Nische mit ==exzellenter Ware und intelligenter Kommunikation zu nutzen.== Auf dem Weg dahin hieß es, noch einige Hürden zu nehmen. Da gab es zum Beispiel die »Tee-Lebensmittelabgrenzungsverordnung«. Ich war weder Drogist noch Apotheker, sondern nur ein Bauernbub mit HAK-Matura und einem Gewerbeschein für Handel mit Waren aller Art. Ich durfte alles verkaufen außer Sprengstoff, Waffen, Drogen und Menschen. Was ich bis dahin nicht wusste: Gemäß dieser Verordnung war auch Brennnesseltee eine Droge. Eigentlich durfte ich nur Pfefferminztee, Kamillentee und Apfelschalentee verkaufen. Abgesehen von dieser Kleinigkeit schien es auch zum Problem zu werden, dass »meine« Bauern ihre Ware selbst abpackten. Mein Steuerberater riet mir, ich solle mich bei der Bauernkammer oder der Wirtschaftskammer absichern, dass sie das auch dürfen. Ein Bauer kann Urprodukte wie Kartoffeln oder Getreide in großen 50-kg-Säcken oder auf Anhängern geschüttet verkaufen, aber 50 Gramm Kräuter in einem Sackerl eventuell doch nicht. Vertreter beider Kammern waren bei meiner Frage etwas »schmähstad« und konnten mir keine Antwort geben. Daraufhin verfasste ich eine hochoffizielle schriftliche Anfrage an das Finanzamt.

Das war 1989. Bis heute warte ich auf Antwort. Mein Vater hat immer gesagt: »Wer viel fragt, der geht weit irr!« Wie wahr! Die Geschichte mit den Drogen und dem Brennnesseltee habe ich auf meine Art gelöst. Ich habe auf meine Etiketten nur »Brennnessel« geschrieben und schon hatte ich meine Ruhe. Meine Kunden waren erwachsen genug, selbst zu entscheiden, was sie mit dem Inhalt ihrer Packung machten.

Noch einmal zurück zum Anfang. Ich bin bei klirrender Kälte und sengender Hitze auf den Bauernmärkten gestanden. Immer wieder habe ich meine Geschichten erzählt, was meine Ware von der anderer unterscheidet. Meine Helden waren die Bauern, die diese Kräuter im Waldviertel selbst anbauen, ernten und verpacken. Wer wollte, konnte diese Pioniere der Biokräuter besuchen und sich selbst ansehen, welch großartige Menschen am Werk sind, wie unglaublich bunt und kräftig auf ihren Feldern alles wächst. Die SONNENTOR-Bauern freuten sich über Besuch. Die Gäste zeigten ihnen, dass ihre Arbeit wertgeschätzt wurde. Das war damals revolutionär. ==Den Konsumenten wurde immer mehr bewusst, dass sie mit ihren Kaufentscheidungen etwas bewirken können.== Mit den SONNENTOR-Kräutern hatten unsere Kunden ein gutes Gefühl. Sie sicherten mit ihrem Einkauf die Existenz von Landwirten im Waldviertel. Das war keine Sozialaktion, sondern logische Konsequenz daraus, dass unsere Kräuter einfach die besten waren. Sie hatten schon optisch einen Vorteil, weil sie kräftig und dank schonender Trocknung von intensiver Farbe waren. Die Nase sagte ohnehin »Ja« zur Qualität, man brauchte nur an ihnen zu riechen. Am Gaumen passierten sie die letzte Qualitätskontrolle: Der Geschmack war unschlagbar. Als schließlich unsere Verpackungen noch bunt und ansprechend wurden, hatten wir den unverwechselbaren SONNENTOR-Weg gefunden.

Nach den ersten Gehversuchen auf der Biomesse in Ludwigshafen habe ich 1990 die neue Biofach-Messe in Nürnberg besucht und im Jahr darauf dort ausgestellt. Mein erster Stand beanspruchte bescheidene sechs Quadratmeter. Heute ist SONNENTOR mit 130 Quadratmetern einer der großen Aussteller dieser inzwischen weltweit wichtigsten Biolebensmittelmesse.

Wir wachsen beständig. Wir verkaufen gerne und mit Leidenschaft. Dazu braucht es keine großen Theorien, sondern nur große Ohren, wache Augen und einen Verstand, der eins und eins zusammenzählen kann. Bingo!

Der nächste, große Entwicklungsschub von SONNENTOR kam mit dem Linzer Designer und Grafiker Peter Schmid. Als er zum ersten Mal in Sprögnitz aufgetaucht ist, ein etwas extravaganter Berater, den mir die Wirtschaftskammer vermittelt hatte, dachte ich: »Grüß Gott! Ob wir zusammenkommen?« Wir sind wunderbar zusammengekommen. Er hat mir einige ziemlich wichtige Fragen gestellt. Die entscheidende war: ==»Möchten Sie eine Marke aufbauen oder möchten Sie für die Masse produzieren?«== Die Antwort war für mich klar. Ich wollte eine Marke aufbauen. Bisher hatte ich gedacht, es reiche, authentisch zu sein. Mit Peter Schmid lernte ich, dass es um mehr geht. Jede Marke braucht eine unverwechselbare Botschaft, einen Slogan, den man leicht versteht, und einen einheitlichen Auftritt, auch optisch. Für diese Lektion bin ich ihm bis heute dankbar. Unsere Gespräche haben mich inspiriert und überzeugt. Obwohl ich Geld lieber einnehme als ausgebe, habe ich von Beginn an einen Teil meines damals noch recht bescheidenen Budgets in Logo, Verpackung und Werbematerial investiert. Zusammen mit Peter

Schmid ist die unverwechselbare SONNENTOR-Bildsprache entstanden. Ein Bild sagt mehr als tausend Worte, man versteht es mit Herz, Gefühl und Verstand überall auf der Welt, vom Waldviertel bis nach Neuseeland. Mit Peter Schmid entwickelten wir den Feinschliff und die Konsequenz aus dem, was ich mit meiner alten Lederhose und meiner lachenden Sonne ganz intuitiv begonnen hatte. Mein Bauchgefühl hat mich immer bestens beraten. Im Scherz sage ich oft, meinen Kopf habe ich nur, damit es mir nicht in den Hals regnet.

Bei meinen ersten Schritten Richtung Marke wurde mir klar, dass ich die Verpackung der SONNENTOR Kräuter nochmals überlegen musste. Damals verwendeten wir schlichte braune Papiertüten mit einem Sichtfenster, damit man sehen konnte, was tatsächlich drinnen war. Von der Raffinesse des Sichtfensters war ich überzeugt, von der Form des Sackerls nicht. Wieder einmal führte der Zufall Regie und spielte mir auf einem Bauernmarkt eine ganz witzige Verpackung zu. Das Sackerl hatte eine Stanitzelform, war je zur Hälfte mit weißem und braunem Papier beklebt. Meine Gehirnzellen reagierten augenblicklich und ratterten wie wild. Kurz danach wurde die Idee geboren.

Die unverkennbaren blau-braunen Teesackerl mit Sichtfenster gingen in Serie und sind heute sogar durch ein europaweites Patent geschützt.

Mit dieser neuen Gestaltung lag ich richtig. Das habe ich zuerst an den Neidern und Nachahmern erkannt. Zur Biofach-Messe 1993 hatte ich Muster der neuen Sackerl mitgenommen. Ich wollte unsere deutschen Kunden informieren, dass sich die Verpackung ändern wird. Schon in der ersten Nacht wurden mir diese leeren Verpackungsmuster vom Stand gestohlen. Die alten, vollen Verpackungen blieben stehen. Wenn das kein Beweis war, dass wir unsere Idee ganz schnell umsetzen und schützen lassen sollten!

In den vergangenen Jahrzehnten haben wir unseren Markenauftritt konsequent weiterentwickelt. Viele kreative Menschen haben dazu ihre Ideen beigesteuert. Wir konnten beispielsweise hervorragende Illustratorinnen gewinnen, die unsere liebevollen Etiketten gestalten. Unsere Produkte erkennt man überall sofort wieder – das sind die mit den schönen Bildgeschichten. Sie schaffen jene Sympathie, die es braucht, damit eine Beziehung entstehen kann. Ich liebe die positiven Aussagen, das Augenzwinkern, die kleine, sympathische Frechheit, die in vielen unserer Bilder aufblitzen. Sie sind eine Erinnerung an die märchenhafte Zeit der Kindheit, als alles noch gut war. In meiner Gefühlswelt ist das ganz tief abgespeichert. Wir werden größer, wir werden erwachsen, wir werden gescheiter und vernünftiger, aber die Sehnsucht nach dieser verzauberten Welt bleibt. Bei mir ist das bis heute so. Ich liebe Märchen und Zeichentrickfilme. Vielleicht bin ich auch als Unternehmer nur ein großes Kind, das gerne spielt?

Von unseren Anfängen gibt es viel zu erzählen. Beispielsweise wollte ich auf unseren ersten Werbeprospekten die Menschen vorstellen, die diese wundervollen Kräuter anbauen, trocknen und abpacken. Unsere Bauern sollten sichtbar werden. Sie sind zu Recht stolz auf ihre Arbeit, keine anonymen Produzenten, sondern einzigartige Menschen, jeder ein Unikat. Wir haben also mit ihnen ein eigenes Fotoshooting vereinbart. Ich staunte aber nicht schlecht, als wir bei der ersten Bauernfamilie angekommen sind. Meine lieben Bauern waren kaum wiederzuerkennen. Sie waren beim Friseur gewesen, hatten sich ins Dirndl und den Trachtenanzug geworfen und wollten so fotografiert werden. Ich musste ihnen erklären, dass sie gerade einem Irrtum aufgesessen sind. Wir wollten doch alles zeigen, wie es in echt ist. Wie man die Kräuter im Sichtfenster sieht, wollten wir unsere Bauern in ihrem Alltag zeigen. Ich hatte zu tun, ihnen verständlich zu machen, dass nichts Schlechtes daran ist, wenn man sie im Alltagsgewand bei der Arbeit sieht. Ganz im Gegenteil. Waren sie nicht herrlich in ihrer Ursprünglichkeit? So gehen manchmal die Vorstellungen von dem, was schön ist, auseinander. Aber wir haben uns schließlich geeinigt. Die großartigen Fotos, die entstanden sind, weil wir sie auch künftig immer unmittelbar auf ihren Feldern oder am Hof fotografiert haben, waren ein schöner Lohn.

Die begeisterten Rückmeldungen unserer Kunden zeigten größte Wertschätzung für jene, die sich um jedes Kraut noch bücken.

Seit damals haben wir nie mehr einen Fototermin länger als einen Tag vorher angekündigt.

Und übrigens, meine Lederhose gibt es noch immer. Sie ist zwar öfter geflickt und repariert worden, aber noch immer im Einsatz, vor allem bei Vorträgen und offiziellen Auftritten. Mit über 90 Jahren am Hosenboden darf sich die Krachlederne inzwischen öfter im Kasten ausrasten. Wer weiß, vielleicht erlebt sie noch einmal ein Revival, wenn meine Buben Severin und Valentin sie finden, so wie ich sie einst in der alten Mehlkammer entdeckt habe.

MARIA KAINZ, UNSER ERSTES FOTOMODELL
FÜR DEN ERSTEN WERBEPROSPEKT
VON WALTER-GRAFIK 1991

Eine Lederhose macht Karriere

ERSTES PRODUKT-PRESSEFOTO 1990

SONNENTOR FRANCHISE-GESCHÄFT IN DER NEUBAUGASSE IN WIEN

UNSER MESSETEAM AUF DER BIOFACH 2018 NÜRNBERG

MESSEAUFTRITT 1994 BREGENZ

SO SAHEN UNSERE PRODUKTE 1995 AUS.

Eine Lederhose macht Karriere

AUCH GUT ZU WISSEN

Alte Schätze sammeln

Wer grundsätzlich spinnt, tut es auch in seinen Hobbys. Eine meiner Leidenschaften, die ich mit meiner Frau teile, ist das Stöbern auf Flohmärkten. Begonnen hat diese Leidenschaft als Kind, als mich meine Streifzüge auf die alten Dachböden meines Elternhauses geführt haben. Was habe ich da nicht alles gefunden! Alte Zeitungen, Spielsachen, Truhen, Bücher und Kästen. Da wurde Geschichte für mich spürbar. Ein Bild meiner Ururgroßmutter habe ich bis heute in meinem Büro, in der alten Lederhose stecken mindestens einmal die Woche meine Wadln. Alte Bauernschränke erleben in unseren Geschäften eine späte Berufung. Am Anfang meiner Unternehmertätigkeit konnte ich mir nichts Neues leisten. Die erste Halleneinrichtung habe ich 1999 durch den Franz, einen begnadeten Vermittler von Konkursmasse, fast ungebraucht um ein Drittel des Neuwerts erstanden. Heute habe ich einen ganzen Stadel voll alter Dinge, die in unseren SONNENTOR Geschäften zum Einsatz kommen oder mich einfach erfreuen, wenn ich an ihnen vorbeikomme, wie etwa alte Emailschilder von Produkten, die ich als Kind beim Dorfgreißler gesehen habe. Vielleicht treibt mich auch nichts als die Neugier an der Tradition. Jeder Gegenstand trägt in sich ein Stück Kulturgeschichte. Die schöne Teedose, die sich mit den Kräutern der Gegenwart füllt, die alten Suppentöpfe, aus denen in der »Leibspeis'« das Gemüse aus dem »Frei-Hof«, genießbar wird. Alles erzählt eine Geschichte. Und ich höre wahnsinnig gerne zu.

IM AB-HOF-LADEN IN SPRÖGNITZ 1995

Eine Lederhose macht Karriere

36

AUS DER BAUERNFAMILIE

Helga Bauer

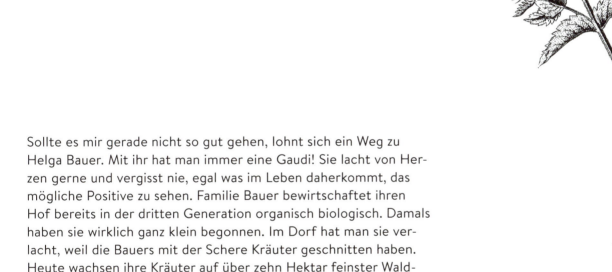

Apfelminze
Apfelminze löst Krämpfe, stärkt die Nerven und den Geist. Als Tee schmeichelt sie dem Gaumen mit zartem, fruchtigem Aroma.

Sollte es mir gerade nicht so gut gehen, lohnt sich ein Weg zu Helga Bauer. Mit ihr hat man immer eine Gaudi! Sie lacht von Herzen gerne und vergisst nie, egal was im Leben daherkommt, das mögliche Positive zu sehen. Familie Bauer bewirtschaftet ihren Hof bereits in der dritten Generation organisch biologisch. Damals haben sie wirklich ganz klein begonnen. Im Dorf hat man sie verlacht, weil die Bauers mit der Schere Kräuter geschnitten haben. Heute wachsen ihre Kräuter auf über zehn Hektar feinster Waldviertler Erde und im Dorf lacht keiner mehr. Helga und ihre Lieben sind unsere Minze-Spezialisten. Sie haben die Apfelminze entdeckt und groß gemacht. Damit im Biokreislauf die Wertschöpfung möglichst groß ist, wachsen bei den Bauers nicht nur die besten Kräuter, sie füllen die fertig getrockneten Schätze auch gleich selbst in liebevoller Handarbeit zu wunderbar duftenden Teemischungen ab.

Zur Arbeitsgemeinschaft der Bauers gehören auch Kühe. Die sorgen für frische Milch auf dem Frühstückstisch und den besten natürlichen Dünger für die feinen Biopflanzen. Was nicht zu Gewürz- und Kräuterspezialitäten verarbeitet wird, findet sich veredelt in selbst gebrannten Likören und Schnäpsen wieder. Wenn ich irgendwo gelernt habe, dass Lachen und Arbeiten zusammengehören, dann bei Familie Bauer.

Kapitel 3

Von Handschlag und Handarbeit

Wie Bauern arbeiten, was es mit dem Handschlag auf sich hat und wie man mit einem Lächeln Türen öffnen kann

Die kleine Landwirtschaft meiner Familie in Brand war ein typischer Waldviertler Hof. Eigentlich zu klein strukturiert, um davon wirklich gut leben zu können, aber doch groß genug, um alles zu haben, was man zum Leben braucht. Und das sind ja nicht nur Lebensmittel, sondern auch Lebenserfahrung und Lebensweisheiten. Ich hatte sozusagen eine duale Ausbildung im Elternhaus. Ich habe gelernt, was man in der Landwirtschaft braucht, was schwierig ist und was gut geht, und ich habe die Sprache der Bauern gelernt. Das hat mir später viel genützt. Abseits der großen Theorie haben sich mir aber auch Zusammenarbeit und Miteinander eingeprägt. Ohne die beiden wäre SONNENTOR nicht denkbar. Eigentlich hätte ich Bauer werden sollen. Es war im Dorf üblich, dass der Jüngste den Hof bekommt. Mein Vater war sicher enttäuscht, dass ich den Bauernhof nicht übernehmen wollte. Alle Betriebsmittel waren vorhanden, die Eltern hatten keine Schulden gemacht. Sie haben nur dann Maschinen gekauft, wenn sie das Geld beisammenhatten. Das schaffe ich zwar in meinem Betrieb nicht immer, aber ich bemühe mich sehr, nach diesem Prinzip zu wirtschaften.

Als ich »Nein« zum Erbe sagte, meinte mein Vater etwas verbittert: »Du wirst noch einmal froh sein, wenn es was zu essen gibt, der Bauer ist dafür verantwortlich!«

Damit wollte er unterstreichen, wie wichtig die Bauern sind. Er war stolz auf seine Arbeit und seinen Beitrag zur Gesellschaft. Vielleicht hat er auch damals schon gespürt, dass es für seinen Berufsstand schwieriger wird. Nach dem Beitritt zur Europäischen Union ist dessen Ansehen rapide gesunken. Die großen Strukturen und die Abhängigkeit von Förderungen drohen die kleinen Einheiten zu zerstören. Vor dem EU-Beitritt haben rund 40 Prozent der gesamten Waldviertler Bevölkerung in der Landwirtschaft gearbeitet. Im Durchschnitt verdienen heute in der Europäischen Union nur noch 1,5 Prozent der Erwerbstätigen ihr Brot auf Wiese, Feld und Acker. Es ist klar, wohin die Reise geht. Aber ist sie auch sinnvoll?

Wir sitzen alle in einem Boot. Es gibt nur eine Erde. Sie müssen wir beschützen. Ich will nicht warten, bis auf dem Mars erfolgreich Kartoffeln oder gar Kräuter angepflanzt werden, weil auf dem Boden der Erde nichts mehr gedeiht. Ich bin im Grunde kein ängstlicher Mensch, aber unser Umgang mit der Fruchtbarkeit des Bodens macht mir Sorgen. Wer die natürlichen Zusammenhänge des Lebens nicht kennt, kann sie durch die Gier nach noch mehr in kürzester Zeit kaputt machen. Ich bin überzeugt, dass wir sogar zwölf Milliarden Menschen auf dieser schönen Welt nachhaltig und biologisch ernähren können, wenn wir die Kreisläufe des Lebens achten und danach leben. Gerade dieses Wissen und den Glauben daran wollen uns die Gift- und Gentechnikkonzerne nehmen. Sie wollen uns abhängig machen, erzählen uns, dass nur sie alle Menschen ernähren können. Das ist ein Trugschluss. Meiner Einschätzung nach sollte das agrarische Förderwesen anders strukturiert werden. Wenn man fördert, dass Arbeitsplätze erhalten oder geschaffen werden, wird es wieder sinnvoll, kleine Landwirtschaften zu betreiben. Das derzeitige System, das Flächen fördert, ruiniert die Kleinen, die mit den Großen einfach nicht mithalten können. Wachsen oder weichen ist das momentan geltende Prinzip. Bei diesem System wächst nicht die Freude, sondern nur die Gier. Und sie bringt uns um.

Von den ersten Biobauern, die ich 1986 kennengelernt habe, war ich sehr beeindruckt. Diese Menschen haben anders gedacht und geredet, sie haben auf mich auch ganz anders gewirkt als die üblichen konventionellen Großbauern. Sie hatten Visionen, die für mich leicht nachvollziehbar waren. Was sie selbst essen wollten, war auch das, was sie anbauten. Und das waren mit Sicherheit keine giftgetränkten Nahrungsmittel. Sie haben mir mit ihren Ideen imponiert. Sie haben auf eine schonende Bearbeitung des Bodens gesetzt, sich nicht gescheut, viel mit der Hand zu machen, und sie waren klug genug, sich zu spezialisieren, um in ihrem Bereich wirklich gut zu werden. Das waren »meine« ersten Kräuterbauern. Wer nicht immer mehr vom Gleichen macht, drosselt automatisch die Überproduktion. Die Wertschöpfung bleibt in der Region, wir müssen weniger Steuern einsetzen, um die Überschüsse im Export wieder loszuwerden. In den 1980er-Jahren kam mit der Biobewegung auch ein erster Ansatz von politischem Bewusstsein für das Thema in Schwung. Jede Region sollte sich Gedanken machen, welche besonderen Feldkulturen sie erzeugen könnte. Im Waldviertel versuchte man sich in der landwirtschaftlichen Fachschule Edelhof im Anbau von Graumohn, Kümmel, Pfefferminze und anderen Kräutern. Die sandigen Böden des Waldviertels eignen sich dafür hervorragend. Unsere Kräuterbauern haben das genützt und viele andere mit ihnen. Sie haben erkannt, dass es besser ist, eigene Wege zu gehen. Das nützt allen mehr. Auch den Konsumenten. Daher macht es einfach Sinn für die Zukunft, wenn wir bei unseren wöchentlichen Lebensmitteleinkäufen die Bioläden, Direktvermarkter und Wochenmärkte nicht vergessen. Wenn nämlich dort die Wertschätzung passt, ist auch die nächste Generation bereit, die Höfe der Familien fortzuführen.

Mein Vater hatte schon recht, das gute Essen kommt vom Bauern. Wer anderes behauptet, liegt ganz sicher falsch.

Mich haben diese neuen Ideen in der klein strukturierten Biolandwirtschaft inspiriert. Die sie betreiben, sind Menschen mit dem Herz am rechten Fleck und einer extra Portion Pioniergeist. Sie arbeiten nach dem Prinzip »Probieren geht über studieren«. Kurt Kainz, einer unserer Pioniere, war vor seiner Leidenschaft zum Kräuteranbau ein »Reibfetzenweber«. Er hat in seinem kleinen Betrieb einfache Webware erzeugt, er wollte aber immer Gärtner werden. Im kalten Waldviertel mit der anspruchsvollen Bodenfruchtbarkeit war das eine Herausforderung. Unser Humus baut sich nur 20 Zentimeter hoch über dem Granit auf. Zum Vergleich: Im Marchfeld schichtet sich der fruchtbare Boden mehrere Meter tief. Kurt Kainz hat aber Waldviertel, Bodenbeschaffenheit und Gärtnerleidenschaft kombiniert und es zu einem hervorragenden Kräuterbauern gebracht. Seine Weberei hat er aufgegeben. Mit einiger Findigkeit hat er aber auch daraus noch einen Nutzen gezogen. Ich habe zum Beispiel Kurt geraten, bei seiner ersten und einzigen Schneidemaschine für Kräuter, die schon über 100 Jahre alt ist, den alten Antrieb eines Webstuhls auf das Schwungrad mit den Schneidmessern zu montieren. Es dauerte nicht lange und er hatte es umgesetzt. Die technische »Innovation« funktioniert bis heute. Und sie zeigt, dass man nichts wegwerfen muss. Bei unseren Bauern sind viele alte Maschinen im Einsatz: Windsichter, Trieure und eine Hammermühle, die wir im Sperrmüll gefunden haben. Entscheidend ist immer, was der Mensch aus Ideen macht. Deshalb brauchen wir auch keine Angst vor der oft so als Bedrohung dargestellten Digitalisierung haben. Ich bin dafür, die Möglichkeiten zu nutzen.

In der familiär geführten Biolandwirtschaft wächst vieles noch mithilfe von Handarbeit. Das ist nicht naiv-romantisch, denn natürlich gibt es Maschinen. Aber viele Arbeitsschritte vom Anbau bis zur Ernte sind eigentlich nur händisch möglich. Das sichtbare Ergebnis sind unsere großteiligen Blätter und Pflanzenteile in den Kräutertees. Wir packen unsere Kräuter so grob wie möglich von Hand ab. So bleiben die ätherischen Öle besser erhalten. Kein Werkzeug ist so gut geeignet für diese schonende Verpackung wie die menschliche Hand. So garantieren wir unvergleichliche Qualität. Die wunderschönen Blütenköpfe der getrockneten Ringelblumen finden ihren Weg ebenfalls per Hand ins Teepackerl. Wenn die Sonne um die Mittagszeit am höchsten steht, öffnen sich die Blüten in ihrer vollen Pracht. Dann gehen die Bauern und ihre Helfer durch das Feld und pflücken die orangen Blütenköpfe ganz achtsam. Nach einer behutsamen Trocknung mit warmer Luft, die sich nie über 40 Grad erhitzt, werden die Kräuter gemischt und wiederum händisch abgepackt. All das kann keine Maschine leisten. So machen wir den Menschen unersetzlich.

Einen Großteil unserer Kräutertees füllen wir direkt am Bauernhof ab. Aber auch bei uns in Sprögnitz und in der ganzen Region wird fleißig abgepackt. Als die Nachfrage nach den händisch abgepackten Kräutertees ständig gestiegen ist, war die Frage, wie wir das lösen. Warum in die Ferne schweifen? Ich dachte an Nachbarn und Mitarbeiter, die nicht weit von Sprögnitz entfernt leben. Eine kurze Nachfrage genügte. »Was, es gibt etwas zu tun? Im Waldviertel, mit flexibler Zeiteinteilung und gut mit der Betreuung von Kindern und Betagten zu vereinbaren?« Das Angebot verbreitete sich wie ein Lauffeuer und ebenso schnell war die Einschulung erledigt. Als der Umsatz mehr wurde, kam mir die Idee, dass mehr Hände einfach mehr abfüllen können. Schnell stellten wir eine geeichte Waage und Einweghandtücher zur Verfügung, den abschließbaren Raum mit einer Gelegenheit, sich die Hände zu waschen, und eine gut abwischbare Tischoberfläche organisierten sich die sogenannten freien Dienstnehmer selbst. Alles lief sehr gut, die Abrechnungsmodalitäten und Auflagen der Behörden wurden im Laufe der Zeit zwar mühsamer, aber der Erfolg gab uns recht. Schwiervig zu erklären war bloß, dass es keine Heimarbeit war, sondern ein freier Dienstvertrag. Heute sind diese Mitarbeiter den fixen Dienstnehmern gleichgestellt. Freie Dienstnehmer können selbst entscheiden, wo sie arbeiten wollen, zu Hause oder in der Firma. Wir haben dazu in Sprögnitz eigene Räumlichkeiten vorbereitet, die sie auch gerne nutzen. Freie Dienstnehmer dürfen sich außerdem vertreten lassen, es kann also auch ein anderes Familienmitglied den Abfüllauftrag ausführen.

Für uns ist wichtig, dass viele Hände zupacken, wenn wir ihre Hilfe rasch brauchen. Auch deswegen ist unser Standort im Waldviertel ein riesiger Vorteil.

Gerade im Winter, wenn wir den meisten Umsatz haben, sind bei uns viele arbeitslos, zum Beispiel Bauarbeiter, die im Winter zu Hause sind. Sie machen alle mit beim Abfüllen der Kräuter. Abgerechnet wird pro Stück. Wir finden das fair. Wer schnell und fleißig ist, verdient auch mehr.

Warum ich das so ausführlich erzähle? Weil wir flexible Lösungen lieben, aber manchmal damit fast an den Behörden scheitern. Auch in dem Fall ging alles gut, bis ein besonders motivierter Finanzkontrolleur bei uns ankam. Er war der Meinung, wir hätten unsere freien Dienstnehmer falsch abgerechnet und brummte uns eine hohe Nachzahlung auf. Ich war sicher, dass wir alles ordnungsgemäß gemacht hatten. Ich hole mir Hilfe von allen möglichen Stellen, die mir alle bestätigten, dass alles mit rechten Dingen zugegangen ist. Nur der Kontrolleur ließ nicht locker. Das ging rund zwei Jahre hin und her, bis schließlich der Chef der Finanzbehörde trocken meinte: »Losts den in Ruah, der is bei mir in die Schule gegangen!« Und eine Ruhe war.

Und so kleben unsere freien Dienstnehmer gut gelaunt weiter Millionen von Etiketten in dreiundzwanzig Sprachen auf die Packungen. Ab und zu besucht mich ein Vertreter für Etikettiermaschinen und versucht mich zu überzeugen: »Herr Gutmann, Sie können sich mit so einer Maschine einen Haufen Geld einsparen. Sie können 100 Leute, die Etiketten kleben, rausschmeißen.« Ich erwidere ganz cool: »Danke für Ihr Angebot. Ich schmeiß nur einen raus und das sind Sie!« Wir bleiben uns treu. Wer wird so dumm sein und die flexibelste aller Produktionsmöglichkeiten über Bord werfen?

So wie mir immer die »richtigen« Bauern begegnet sind, war ich auch achtsam dabei, von wem meine Kräuterspezialitäten unter die Leute gebracht werden. Nach den ersten persönlichen Verkaufserfahrungen auf Bauernmärkten entschied ich mich damals als nächste Schiene für die Bioläden. 1990 habe ich erfahren, dass es in Deutschland bereits 300 Bioläden gibt. Dort fragte mich im Gegensatz zum konventionellen Handel niemand nach Listungsgebühren und Marketingbeiträgen. In Österreich gab es zu dieser Zeit einen Biogroßhändler, den Hans aus der Steiermark, der eigentlich ein Wachauer war und Maschinenbau studiert hatte. Er gründete 1986 die Firma »Lebenszeichen«, und war 1989 mein erster Großhändler und Vertriebspartner. Ich brachte meine Waldviertler Bioware nach Wien in ein Lager und von dort holte er sich wöchentlich, was er brauchte. Wir sind immer gesund gewachsen. Erstaunlicherweise hat mich auch nie jemand nach Provisionen oder Bonifikationen gefragt. Dass es so etwas gibt, habe ich schon mitbekommen. Ich dachte, fragen können sie mich, aber ich muss ja nicht mitmachen. Es gehören immer zwei dazu. Ich bin froh, dass ich mich nicht vom großen, schnellen Geld habe verführen lassen. Ich bin meinen Eltern extra dankbar, denn sie haben mich gelehrt: »Sei immer bescheiden, verlang nie zu viel, dann kommst du zwar langsam, aber sicher ans Ziel!« Bis heute zahlen wir im Verkauf oder im Außendienst keine Umsatzprovisionen.

Druck erzeugt Gegendruck und der sucht sich nicht immer einen konstruktiven Weg, sich zu entladen.

Besonders beflügelt hat mich, dass meine sonnigen Kräuterschätze auch außerhalb der Landesgrenzen gut angekommen sind. Als Ersten belieferten wir unseren deutschen Nachbarn, er ist uns bis heute besonders wichtig. Auch dort habe ich einfach immer wieder die richtigen Leute getroffen. Die ersten Kontakte entstanden zu Fritz Huber, dem Geschäftsführer unseres ersten Exportkunden im Chiemgau. Danach verständigten wir uns mit dem »Ökoring« von Thomas Biermann. Nach weiteren acht Jahren konnten wir endlich den Weißwurstäquator, wie die bayerische Landesgrenze Richtung Norden liebevoll genannt wird, überwinden. Das war der Firma »Dennree« mit der Familie Greim zu verdanken. Dann ging es deutschlandweit Schlag auf Schlag.

1993 bemühte ich mich, auf der »Offa« in St. Gallen auszustellen, um in der Schweiz Fuß zu fassen. Die Messe sollte neun Tage dauern, nach drei Tagen baute ich meinen Stand wieder ab. Dem Hallenaufseher sagte ich, ich hätte den Stand bezahlt und könne damit machen, was ich will. Mir war die Messe zu fad, ich wollte wieder nach Hause. Zwei Jahre später entdeckte mich im Rahmen einer Hausmesse in der Steiermark Hans Peter Bühler. Er war Geschäftsführer eines Schweizer Biogroßhändlers und er lud mich in die Schweiz ein. Seitdem sind wir ein Fixstern im Schweizer Biofachhandel. Man muss immer wieder auf den richtigen Zeitpunkt warten. Jürg Horlacher besuchte drei Jahre auf der Nürnberger Biofach-Messe immer wieder meinen Stand, bis wir am 11. November 2001 unsere erste Ausstellung in Bern bestreiten konnten. 1994 sind wir in Italien eingestiegen. Familie Theiner eröffnete uns die Möglichkeit, mit vielen anderen Bioherstellern auf der »Sana« in Bologna auszustellen. Seitdem feiern wir jedes Jahr den Herbstbeginn in Bologna. Über all diesen Erfolgen sind ein paar Grundsätze bestehen geblieben, auch in der Zusammenarbeit mit unseren Vertriebspartnern.

Dazu gehört, dass wir grundsätzlich an niemanden verkaufen, der gute Ware zu Schleuderpreisen auf den Markt bringen will. Diese »Aktionitis« führt zu Wertvernichtung und diese »Schleuderei« ruiniert Arbeitsplätze.

Von Handschlag und Handarbeit

Unsere Kräuter- und Gewürzschätze haben Wert und eine riesige Strahlkraft. Das wurde mir bei den ersten Verkäufen nach Übersee besonders bewusst. Dass unser Engagement jenseits der Weltmeere ins Rollen kam, hängt mit meiner Freundschaft zu Bernhard Schneider zusammen. Wir kennen einander seit der Schulzeit. Was haben wir gemeinsam gelacht! Einmal bin ich deswegen sogar vor Lachen vom Sessel gekippt. Bernhard ist im Rahmen eines Lehrerpraktikums in Neuseeland »picken geblieben«. Schlauer Bursche, der er ist, hat er beispielsweise erkannt, dass es in Neuseeland einiges nicht gibt, zum Beispiel Glasflaschen für Bier. Er hat begonnen, Container mit Glasflaschen nach Neuseeland zu importieren, und hat den Leerraum in den Containern mit Kräutertee von SONNENTOR ausgefüllt. So begann eine geschäftliche Verbindung, die ich nicht missen möchte. Bernhard verkauft unsere Kräuterschätze nach Neuseeland, Australien und Asien. Aber er ist nicht nur ein toller Vertriebspartner, er hat auch immer wieder unverzichtbare Tipps und Empfehlungen

ELISABETH KAINZ IN DER SELBST GEMACHTEN TROCKNUNGS-SCHATZKAMMER

OMA ZACH AUF DER
PFLANZENSETZMASCHINE

KURT KAINZ ERNTET
DEN GRÜNEN HAFER
IMMER NOCH PER HAND.

Von Handschlag und Handarbeit

JUNGBAUER ANDREAS ZACH
BEI DER RINGELBLUMENERNTE

KRÄUTERERNTE IN DRÖSIEDL

FAMILIE BAUER BEIM HÄNDISCHEN
VERPACKEN DES SONNENTOR KRÄUTERTEES
DIREKT AM HOF

für uns parat. Beispielsweise hat er uns auf die Idee gebracht, beginnend 2013 gegen Palmöl in Lebensmitteln aufzutreten. Er ist außerdem einer der ersten Bio-Manukahonig-Imker. Manuka ist ein Strauch, der zur Familie der Südseemyrten gehört, wie auch der Australische Teebaum. Bernhard bewirtschaftet mit seinen Bienen und Sträuchern ein Naturschutzgebiet mit über 600 Hektar und hat es vor der Umwidmung in Bauland bewahrt. Bernhard Schneider ist wichtiger Botschafter von SONNENTOR auf der anderen Seite dieser wunderschönen Welt. Wir leben zwar weit voneinander entfernt, spüren und denken trotz 25.000 km Entfernung aber oft gleich.

Jede bleibende Verbindung, aber auch jedes gute Geschäft basiert auf guten Kontakten. Wir schließen aus vielen Begegnungen langfristige Kooperationen. Dazu brauchen wir keine Vertriebsvereinbarungen oder Vertriebsverträge. Wir vergeben auch keine Alleinvertriebsrechte. Wir arbeiten mit Handschlag, und das hält. Wir schließen auch international keine Forderungsausfallsversicherungen. Der Handschlag hält am besten und er spart viel Zeit und Geld. Was bei den Bauern immer funktioniert hat, funktioniert auch im Vertrieb, wenn Vertrauen die Basis ist. Vertrauen ist die Währung der Zukunft.

Im Umgang mit Menschen hat mir ein Motto immer weitergeholfen: »Warte nicht darauf, dass die Menschen dich anlächeln. Zeig ihnen, wie es geht!«

Ich gehe offen und mit einem Lächeln auf mein Gegenüber zu. Es gibt keine zweite Chance, den ersten Eindruck zu hinterlassen. Der Volksmund sagt schon, dass die Sonne lacht, wenn sie prall am Himmel steht. Offenheit wird zwar manchmal mit Schwäche verwechselt. Diese Sympathie und Zuwendung, die durch ein Lächeln ausgedrückt werden, zählen für das Gefühl. Lachen, Freude und Offenheit sind auf der ganzen Welt willkommen. Auf dieser Basis kann Vertrauen wachsen. Ihr gehört die Zukunft, nicht dem Euro oder dem Dollar. Auch wenn die Welt sich schneller dreht, wir zwei oder gar drei Smartphones eingesteckt haben und meinen, immer erreichbar sein zu müssen. Bei uns in Sprögnitz gibt es nach wie vor keinen Handymast. Mit meiner offenen Art bin ich bisher durch jede Tür gekommen. Manche Türen habe ich zwar kein zweites Mal geöffnet, aber wer offen ist, dem gelingt einfach mehr, er kommt weiter. Wer verschlossen ist, wird auch keine offenen Türen finden. Für mich sind alle Menschen gleich viel wert. Wir haben alle dieselben Bedürfnisse. Und das letzte Hemd hat für niemanden eine Tasche, niemand kann sich einmal was mitnehmen. Das habe ich von meinem Vater gehört. Wie recht er hatte. Das hat mir schon als Kind Druck genommen. Als Unternehmer habe ich mir immer gesagt, egal wo ich vorgesprochen habe oder wo ich eingeladen wurde: »Du hast nichts zu verlieren.« Das entspannt, definitiv. 2011 wurde ich beispielsweise von »Ernst & Young«, einer internationalen Beratergruppe, zur Abendgala als »Entrepreneur of the Year« in die Wiener Hofburg eingeladen. Kleidervorschrift war dunkler Smoking bei den Herren und langes Abendkleid bei den Damen. Erstens hatte ich keinen Smoking und zweitens meine Anfänge meiner alten Lederhose zu verdanken. Also wollte ich auch an diesem Abend in der alten Lederhose erscheinen. Wenn sie mich nicht hineinlassen, dachte ich bei mir, fahre ich halt wieder nach Hause. Es war ein schöner Herbstabend im Oktober. Alle waren beim Empfang freundlich zu mir und niemand verweigerte mir den Eintritt. Schließlich wurde ich zum »Entrepreneur of the Year«, zum Unternehmer des Jahres, gewählt und nicht einer der rund 300 wie Pinguine gekleideten Herren. Auf meine Art war ich in der Wirtschaft Österreichs angekommen.

VERLEIHUNG DER GOLDENEN SICHEL IM RAHMEN
DES KRÄUTERFESTES 2017
AN FAMILIE WALDHERR

WAHL ZUM ENTREPRENEUR DES JAHRES 2011
VON „ERNST & YOUNG", 300 „PINGUINE"
UND EINE ALTE LEDERHOSE IN DER WIENER HOFBURG

Von Handschlag und Handarbeit

AUCH GUT ZU WISSEN

SONNENTOR Geschäfte

Die Geschäftsführerin der SONENNTOR Geschäfte in Linz, Doris Winkler, hat sich mit diesen sonnigen Wohlfühloasen einen Lebenstraum erfüllt. Sie und viele andere, die als Franchisenehmer in mehreren Ländern ein SONNENTOR Geschäft führen, waren auf der Suche nach einem Job, der Sinn macht. Wenn sich das mit dem Wunsch von Menschen trifft, die in einem Laden Sinnvolles kaufen wollen, haben sich die Richtigen gefunden! Die SONNENTOR Shops, deren erster 2005 in Krems eröffnet wurde, sind Oasen in der Stadt. Sie entschleunigen, stimmen heiter und wecken Erinnerungen an die Wärme einer glücklichen Kindheit. Vollholzmöbel und Zonen zum Verweilen, die feinen Gerüche von Tee und Gewürzen, die verlockenden Süßigkeiten in der Vitrine, alles zusammen mit freundlichen Menschen, die gerne beraten oder auch nur einmal plaudern, machen es aus. Bäuerliche Tradition und modernes Lebensgefühl harmonieren bestens – weil uns doch alle mehr verbindet als trennt.

Von Handschlag und Handarbeit

AUS DER BAUERNFAMILIE

Maria Zach

Ringelblume
Die Ringelblume ist ein Tausendsassa. Sie tut der Haut gut, hilft bei Kopfweh, vertreibt Schlafräuber und wirkt als Tee, Tinktur oder Salbe.

Maria Zach hat das Kräutersammeln erfunden. Ohne Oma Zach, wie wir sie nennen, wäre SONNENTOR nicht zu dem geworden, was es heute ist. Oma Zach hatte einen Vortrag der Kräuterfrau Maria Treben gehört. Seitdem sammelte sie das wild wachsende, kleinblütige Weidenröschen, die Schafgarbe und das Johanniskraut, gegen den Widerstand ihres Mannes, der das für eine Narretei hielt. Noch dazu lief der Verkauf der Naturschätze schleppend. In ihrer Not schaltete sie ein Inserat in der Vereinszeitung der »Freunde der Heilkräuter«. Ab da ging es Schlag auf Schlag. Der Postversand ihrer Kräuter begann und die Laune ihres Mannes stieg. Als der Betrieb von Elisabeth und Karl Zach übernommen wurde, stellten die beiden den gesamten Betrieb auf bio um. Seitdem werden nicht mehr die wild wachsenden Kräuter gesammelt, sondern die kontrolliert biologischen angebaut. Die ganze Familie packt an und bringt mit viel Erfahrung im nördlichen Waldviertel wunderbare Ernten ein. In zwei Folientunneln werden die Jungpflanzen herangezogen. Die Fläche, die heute von Familie Zach mit Kräutern bepflanzt wird, entspricht rund zwanzig Fußballfeldern.

Oma Zach freut sich an allem, was blüht. Deswegen mischte sie in ihre Kräutertees von Anfang an farbige Blüten für das Auge und für das Herz. Bei ihren Teemischungen für SONNENTOR hielt sie es ebenso. Die Ringelblume mit ihrem satten Orange stimmt alle heiter. Durch das Sichtfenster jeder SONNENTOR Teepackung kann man den Sommer sehen. Danke, Oma Zach, für diese gute Idee!

Kapitel 4

Vom Stallgeruch, der Nestwärme und dem Loslassen

Ein paar Bemerkungen über Vertrauen, Verantwortung und Motivation

Ich glaube oder hoffe, meine Mitarbeiterinnen und Mitarbeiter erzählen daheim von mir: »Das ist ein leiwander Chef. Der hat zwar ein paar Marotten, aber wir können über alles mit ihm reden. Nur sekkieren dürfen wir ihn nicht, denn dann kann er sehr direkt werden.« Damit haben sie recht. Ich bin einfach sehr emotional. Für mich ist SONNENTOR wie eine Familie. Jeder wird grundsätzlich mit offenen Armen und einem Vorschuss an Vertrauen aufgenommen. Wir reden einander alle mit »Du« an, ein förmlicher Umgang passt einfach nicht zu uns.

Wie in jedem Unternehmen gibt es auch bei uns so etwas wie einen Stallgeruch.

Wer bereit ist, ihn anzunehmen, sich auf uns, unsere Werte und unsere Arbeitsweise einzustellen, bekommt dafür nahezu bedingungslose Nestwärme.

Wir freuen uns über jeden neuen Mitarbeiter, der kommt, denn er zeigt uns, dass wir wachsen. In der Region sind wir ein attraktiver Arbeitgeber geworden. Wenn sich jemand bei uns bewirbt, fragen wir immer: »Warum willst du bei uns mitarbeiten?« Das ist die wichtigste Frage. Für einige Bereiche ist zwar eine fachspezifische Ausbildung wichtig, aber was nützt sie, wenn jemand mit unserer Philosophie nicht kann. Eine fehlende Ausbildung kann man nachholen, das hindert uns nicht, jemanden an Bord zu holen. Fehlende Menschlichkeit wäre das viel größere Problem. Ich bin fest überzeugt, man kann alles lernen, wenn man es mit Begeisterung und Freude macht. Was aus Leidenschaft entsteht, trägt immer Früchte. Auf gut Waldviertlerisch meine ich, es braucht bei Mitarbeitern vor allem einen soliden Menschenverstand (seit der Hausverstand in der Werbung fremdgeht, gibt's bei uns nur den Menschenverstand) und die richtige Motivation.

Wer hingegen schon beim Vorstellungsgespräch nach Gewinnprämien fragt, ist falsch bei uns. Bei uns gibt es weder Gewinnausschüttungen noch Bonifikationen. Was wir gemeinsam als Überschuss erarbeiten, fließt ins Unternehmen zurück. Es soll allen zugutekommen. Ich verspreche meinen Mitunternehmern eine sinnvolle Aufgabe und eine gute Zukunftsperspektive. Das ist unsere Vertrauensbasis. Wir brauchen keine Jahresziel-Zahlenvorgaben. Wenn die Stimmung passt, passt auch das Ergebnis.

Bei SONNENTOR herrscht das Übereinkommen, dass man alles miteinander macht. Jeder trägt etwas bei, damit Wärme und Energie entstehen. Wir wollen nicht, dass jemand sich ins gemachte Nest setzt, nichts zum Allgemeinwohl beiträgt und nur Energie abzieht. Das sind Grundwerte, die ich in meiner Kindheit mitbekommen und in meine Unternehmensphilosophie übernommen habe. Wer da ganz anders gepolt ist, vor allem den eigenen Vorteil sucht, hat es mitunter schwer, als Erwachsener noch umzulernen. Manchmal verabschieden wir uns daher auch von Menschen wieder. So wie wir ein Flaschenrückgabesystem haben, sind wir auch nicht verpflichtet, jemand auf ewig zu behalten. Einweg ist kein Weg. Bei der Vorstellungsrunde, in der die »Frischlinge« allen vorgestellt werden, sage ich ihnen: »Du arbeitest nicht für den Glatzerten. Für deine Arbeit haben 320 vor dir gesorgt, und wenn du mithilfst, dann ist Platz für 321. Darum bitte ich dich. Ich habe von Anfang an davon leben können, und das wünsche ich dir auch.«

Wer bei uns im SONNENTOR-Nest bleibt, wird im wahrsten Sinn des Wortes jeden Tag mitgefüttert. Das gemeinsame Mittagessen stand am Beginn von SONNENTOR. Es gehört für uns dazu und ist wie in einer Familie für alle im Betrieb kostenlos. Wir kochen bio, frisch und regional. Unsere wunderbare Küchenbrigade ist mit Eifer am Werk; hat viel zu schnipseln, zu rühren, zu backen und auch abzuwaschen. Denn aus den drei, die anfangs um den Mittagstisch gesessen sind, wurden mehrere Hundert hungrige Mitarbeiter. Beim gemeinsamen Mittagessen kann man sich entspannen und miteinander plaudern. Man erfährt viel voneinander, das mit der unmittelbaren Arbeit nichts zu tun hat, manchmal aber auch für sie nützlich werden kann.

Jeder setzt sich als Unternehmer Ziele, eines meiner wichtigsten ist, dass ich von allen meinen MitunternehmerInnen die Vornamen weiß. Sie kennen mich, und es hat etwas mit Augenhöhe zu tun, ob ich auch sie kenne. Sich viele Vornamen zu merken bedeutet tägliches Training und ist gar nicht so schwer. Wenn Sie jemanden kennenlernen, wiederholen Sie einfach binnen vier Sekunden diesen Namen drei- bis viermal innerlich. Damit ist dieser Name im Kurzzeitgedächtnis gespeichert. Außerdem berühre ich bewusst während eines Gesprächs Menschen an Händen oder Armen und merke sehr schnell Nähe oder Distanz. Ich bin täglich im Betrieb, sehe und spüre mehr als viele denken. Ich bücke mich nach weggeworfenem Papier, das ich am Weg durch die Hallen finde oder entferne Spinnweben. Das sind Kleinigkeiten, die ich beim Vorbeigehen wahrnehme, nicht um jemanden zu ärgern, sondern weil ich einfach aufmerksam bin. Wenn ich bei diesen Rundgängen alle mit Vornamen begrüße, ist mein tägliches Training auch schon wieder absolviert. Außerdem bekommen alle unsere Mitarbeiter von mir und meiner Familie eine Glückwunschkarte zum Geburtstag, versüßt mit einem Schokoladengruß. Das vertieft die Bindung. Wir gehören zusammen.

Unser Familiensinn wird offenkundig immer wieder sichtbar. Wir strahlen so viel Begeisterung aus, dass immer wieder welche vermuten, wir seien so etwas wie eine Glaubensgemeinschaft. Nicht böse sein, aber darüber haben wir schon oft herzlich gelacht. Dieser Vergleich, der uns fast schon ehrt, hinkt gewaltig. Wer zu uns kommt, muss an nichts glauben, weder als Mitarbeiter noch als Kunde. Er sollte nur das mögen, was wir tun, an sich glauben und an das Gute in der Welt.

Wir sind nicht die Firma, die morgen die Welt retten wird. Aber wir tragen Kleinigkeiten bei, die zählen.

Das Große ist immer die Summe aus vielen kleinen Beiträgen. Außerdem frage ich Sie, eignet sich ein »Kasperl« in Lederhose und mit roter Brille als Guru? Na gut, lassen wir die Leute reden. Wichtig ist ohnehin nur, ob uns taugt, was wir machen. Ob wir jeden Tag eine Gaudi haben bei dem, was uns einfällt.

Zur SONNENTOR-Familie gehören seit 2008 auch unsere Franchisepartner. Unsere ersten zwei Geschäfte, die wir 2002 und 2003 eröffneten, haben mir gezeigt, was wir können und was nicht. Wir wollten definitiv kein Bioladen mit Vollsortiment sein. Daher haben wir unser Ladenkonzept korrigiert. Wir wollten bis auf wenige Ausnahmen nur noch eigene Produkte im Geschäfte verkaufen. Wir hatten doch so viele wunderbare Waren – warum in die Ferne schweifen, wenn das Gute so nahe liegt? Am 15. November 2005 eröffneten wir das erste »neue« SONNENTOR Geschäft am Steinertor in der herrlichen Donaustadt Krems. Wir hatten es ausgestattet mit Elementen einer alten Greißlerei, mit liebevoll restaurierten Bauernkästen und einem kleinen Gastrobereich. Mit viel Liebe zum Detail war ein Geschäftslokal entstanden, in dem wir uns persönlich wohlfühlen. Vielleicht ist das unser Geheimnis? Warum sollte, was uns selbst nicht überzeugt, anderen gefallen? Und siehe da, auch die ersten Kunden haben uns tolle Rückmeldungen gegeben. Wir waren glücklich. Bald darauf kam auch schon der erste Interessent, der auf Franchisebasis unser Konzept übernehmen wollte. Er meinte: »Das ist etwas Besonderes, wie eine kleine Oase. Es sind immer Leute da, das interessiert mich! Ich bin derzeit bei einem internationalen Konzern, gut bezahlt, aber leider leer an Sinn und Motivation.« Wir waren zwar noch nicht fertig mit unserem Handbuch für Franchisenehmer, aber Günther Gradwohl hat uns schnell begeistert. Es dauerte nicht lange und er zeigte uns einen möglichen Standort in der Fußgängerzone in St. Pölten. Günther Gradwohl eröffnete am 3. September 2008 sein erstes SONNENTOR Geschäft in St. Pölten. Inzwischen führen er und seine Familie erfolgreich zwei weitere Läden in Wien. Und so wie Günther nicht mehr glücklich war mit seinem angesehenen, gut bezahlten Managerjob, erzählen uns viele Interessenten für das SONNENTOR-Franchise von ihrer Sehnsucht nach Sinn und Freude bei der täglichen Arbeit. Sie wollen sich sozusagen lieber selbst die Hände dreckig machen, mit Kunden reden und Regale einschlichten, als in einem ewigen Kreislauf von Besprechungen, Excel-Listen und abstrakten Zielvorgaben gefangen zu sein. Wie gut ich sie verstehen kann. Wir arbeiten doch nicht für anonyme Stakeholder! Unsere Stakeholder, sagen wir pointiert, sind unsere Bauern. Sie haben den Werkzeug-Stecken in der Hand, mit dem sie auf dem Acker die Kräuter kultivieren. Gibt's etwas Sinnvolleres?

Mit unseren Franchisepartnern versuchen wir einen gemeinsamen Spirit zu leben, einen, der ihnen Wärme und Zugehörigkeit vermittelt und uns alle gemeinsam weiterbringt. Darin unterscheiden wir uns von vielen anderen Firmen, die Franchise etabliert haben. Manchmal ist es eine Herausforderung, den SONNENTOR-Geist – im übertragenen Sinn gesprochen – auch mit den entfernteren Verwandten zu leben. Der unmittelbare Kontakt ist doch weniger ausgeprägt. Aber wenn die Beziehung stimmt, gibt es wenig, was nicht ausgeredet und geklärt werden kann. Wir versuchen unser Bestes und haben mit unseren Franchisenehmern tolle Geschäftspartner und Freunde gefunden. Danke euch allen!

Wenn ich zurückschaue, staune ich, wie sich das Mitarbeiterteam von SONNENTOR entwickelt hat. Am Anfang war nicht daran zu denken, dass unser Unternehmen je die Dimensionen von heute erreichen könnte. Ich erinnere mich noch gut an meinen ersten Mitarbeiter, der mit den Kräutern zu den Bioläden gefahren ist. Dann kam meine älteste Schwester dazu. Sie war viele Jahre meine »Perle«: umsichtig, genau, sehr strukturiert und fleißig. Dann kamen weitere Mitarbeiter dazu, weil ich, was ich erwirtschaftet hatte, wieder investiert habe. So ist SONNENTOR stetig gewachsen. Irgendwann musste ich dann delegieren, Aufgaben abgeben. Eine Herausforderung, wenn man einmal jeden Handgriff selbst gemacht hat und vieles entwickelt und gesteuert hat. Aber wer sagt, dass nicht auch der Chef dazulernen kann? Wenn ich an den Herausforderungen wachse, können sich auch die anderen entfalten. Auf der Basis von Vertrauen geht das wunderbar. Dann sprießen gute Ideen, selbstständiges Denken und engagiertes Handeln. Ich wollte immer, dass mir meine Mitarbeiter offen und direkt begegnen. Hierarchisches Denken liegt mir fern. Aber natürlich bin ich als Chef herausgehoben aus dem Ganzen und werde beobachtet. Wie schaut er denn heute? Daraus habe ich gelernt. Wenn ich einmal nicht so gut aufgelegt bin, verdrücke ich mich lieber in mein Büro, erledige meine Post und halte den Mund, um nicht meinen Ärger an jemandem auszulassen, der womöglich nichts dafürkann. Wenn ich gut aufgelegt bin, läuft es ohnehin von alleine.

Jedenfalls sind wir jetzt so weit, dass ich als Chef vor allem eines nicht darf: stören. Hört sich blöd an? Ist aber so.

Diese Veränderungen waren für mich ein stetiger Lernprozess. Seit mehreren Jahren habe ich mich aus dem Tagesgeschäft Schritt für Schritt zurückgenommen. Ich habe hervorragende

MitunternehmerInnen, die vieles viel besser können als ich. Kein Scherz. Wir pflegen bei SONNENTOR eine sehr offene Gesprächskultur und eine demokratisch strukturierte Entscheidungsfindung. Ich finde, wir haben das klug organisiert. Wir sind in verschiedenen Gremien organisiert, in denen sich die Führungsebene regelmäßig trifft. Wir nennen sie Fokusgruppen. Alle Abteilungsleiter oder alle Geschäftsstellenleiter kommen regelmäßig, mindestens einmal im Monat, zusammen. Bei diesen Treffen bin ich immer dabei. Wir diskutieren, befragen einander, beraten über Ideen. Und erörtern wichtige, langfristige Entscheidungen. Am Ende wird abgestimmt. Manchmal werde ich auch überstimmt. Das halte ich ganz gut aus. Ich muss nicht immer recht haben. Nur wenn sich Abteilungen in Grundsatzfragen nicht einigen können und keiner nachgeben will, entscheide am Ende ich allein nach wirtschaftlichen Überlegungen. Das kommt allerdings sehr selten vor.

Nobody is perfect. Ich habe viele schwache Seiten und auch ein paar gute. Beispielsweise bin ich kein Kontrollfreak. Von mir aus bräuchten wir in der Firma keine Zeiterfassungssysteme. Aber das geht nicht, da beschränken uns gesetzliche Bestimmungen. Zumindest im Verwaltungsbereich haben wir Gleitzeit etabliert und eine Homeoffice-Lösung für einige Arbeitsbereiche gefunden. Vieles ist Vereinbarungssache. Wir suchen immer die beste Lösung für Mitarbeiter und Unternehmen. Ich bin außerdem stolz, dass wir bei SONNENTOR Krisenzeiten Einzelner wie in einer großen Familie managen. Wir haben vereinbart, dass jeder, der ausfällt, sich darauf verlassen kann, dass die anderen seine Aufgaben inzwischen übernehmen. Dafür braucht es das Verständnis aller. Sie müssen außerdem sofort zugreifen und wissen, was zu tun ist, was wichtig ist bei der Aufgabe, die sie mit übernehmen.

Ginge es nach mir, hätten wir längst transparent gemacht, wer bei SONNENTOR wie viel verdient. Aber das verträgt sich mit der Mentalität der Österreicher bislang schlecht. Worauf wir aber stolz sind, ist, dass die Gehaltsspreizung bei SONNENTOR 1 zu 3,5 beträgt.

Das heißt, das höchste Gehalt, das wir bezahlen, ist in Summe höchstens dreieinhalb Mal so hoch wie das niedrigste.

Dieses Verhältnis ist in der Wirtschaft ganz unüblich. Meist sind die Spitzengehälter um ein Vielfaches höher. In unserem Verständnis von Familie und Unternehmen hat solches Denken keinen Platz. Jeder im Betrieb kennt außerdem mein Gehalt. Mit 2500 Euro im Monat komme ich aus und kann ein gutes Leben führen. Wenn ich mir mehr herausnehme, müsste ich mich fragen, wofür? Alles, was ich herausnehme, muss ich versteuern. Ich bin nicht bei allen Einsatzbereichen von Steuern überzeugt, dass sie dem Gemeinwohl dienen. Also ist es doch viel besser, das gemeinsam Erwirtschaftete bleibt im Unternehmen und trägt dort zu Entwicklung und Wachstum bei. Genau das wollen wir, und deswegen gehen wir täglich einen Schritt weiter, alle gemeinsam.

Vom Stallgeruch, der Nestwärme und dem Loslassen

FLEISSIGE HÄNDE VERPACKEN UND ETIKETTIEREN. MANCHE KUNDEN SAGEN, SIE „SPÜREN" DIE HANDARBEIT BEI UNSEREN PRODUKTEN.

UNSERE FRANCHISEFAMILIE BEIM PARTNERTREFFEN 2016 IN SPRÖGNITZ

ES LÄUFT WIE GESCHMIERT
IN DER KRÄUTER-AUFBEREITUNG
UND IN DER MISCHEREI MIT MARTIN
UND SEINEN KOLLEGEN

UND ES LÄUFT AUCH BEIM ZWETTLER
STADTLAUF IM JUNI 2017
DAS SONNENTOR TEAM

AUCH GUT ZU WISSEN

And the Winner is ... SONNENTOR

Unsere schönste Auszeichnung sind unsere zufriedenen Kunden, daran besteht natürlich kein Zweifel. Ab und zu fallen wir dann auch anderen auf und sie wollen uns unbedingt für unsere Leistungen vor den Vorhang holen. Bitte sehr. Wir verweigern uns nicht, heißt das doch, dass wir als Unternehmen einen Beitrag zum Gemeinsamen leisten, der als wichtig anerkannt wird. Wir wirtschaften nicht für uns allein, sondern für das Gemeinwohl. Besonders gefreut haben wir uns (u.a.) über den »Österreichischen Klimaschutzpreis« und Johannes Gutmann als »Unternehmer des Jahres«. Unserem Franchisesystem wurde der »Green Fanchise Award« verliehen und den »Nestor« bekamen wir für altersgerechtes Arbeiten. Unser nachhaltiges Wirtschaften insgesamt wurde außerdem mit dem »TRIGOS« wertgeschätzt. Wir sind dankbar für diese schönen Bestätigungen unseres Tuns und tragen unsere sonnigen T-Shirts bei den Preisverleihungen mit Stolz.

Vom Stallgeruch, der Nestwärme und dem Loslassen

AUS DER BAUERNFAMILIE

Familie Aufreiter

Die Blaue Malve
– in Österreich Käsepappel genannt – ist genau das richtige Kräutlein, wenn der Frosch im Hals stecken geblieben ist.

Am Biokräuterhof Aufreiter wird der Glückstee produziert. Das kommt nicht von ungefähr. Schon 1985 haben Michaela und Johann Aufreiter begonnen, ihr Glück im Biokräuteranbau zu suchen und haben es dort auch gefunden. Auf den Feldern der Mühlviertler Bauernfamilie gedeihen unter anderem Zitronenmelisse, Schafgarbe, Schokominze, Johanniskraut, Löwenzahnblätter, Oregano und Ringelblumen. In ihren Glückstee kommen nur feinste Kräuter. Vom Anbau bis zum fertig gefüllten Teesackerl wird alles am Hof selbst gemacht.

Die Aufreiters haben sechs Kinder. Ob der Glückstee auch beim großen Familienglück mitgeholfen hat? Michaela schmunzelt: »Geschadet hat er nicht.« Zumindest bei Sohn Jakob hat er Wirkung gezeigt. Er packt das Glück beim Schopf und wird den Hof übernehmen. Im Moment ist er noch damit beschäftigt, sich das wertvolle Wissen seiner Eltern anzueignen. Die lassen ihn gerne daran teilhaben.

Im Juli, wenn sich viele Familien einen Urlaub am Meer gönnen, baden die Aufreiters lieber im Blütenmeer ihrer Ringelblumenfelder. Das verschafft echte Glücksmomente, wenngleich sie auch intensive Handarbeit bedeuten. Blüte für Blüte wird per Hand gezupft, um dann getrocknet, mit anderen Kräutern vermischt für den Winter als Glückstee abgepackt zu werden. Wer ihn trinkt, kann in der kalten Jahreszeit mit den begeisterten Mühlviertler Kräuterbauern vom warmen Bad im Blütenmeer träumen.

Kapitel 5

Meine Lebens- menschen

Über eine Schatzsuche im Burgenland, das Finden der Liebe, Familienbande und Wegbegleiter

Das große Glück meines Lebens hat mit Fragen begonnen. Diese junge, charmante Burgenländerin plauderte nicht bloß dahin, damit ein Geräusch entsteht, die war echt interessiert. An mir, an meiner Arbeit, an dem, was mich beschäftigt. Das war ich nach einer längeren Zeit des Alleinseins gar nicht mehr gewöhnt. Die junge Frau hieß Edith, und was ich damals noch nicht wusste, sie sollte mein Augenstern werden.

Wer nicht sucht, der findet trotzdem! »Jedem Anfang wohnt ein Zauber inne«, heißt es bei Hermann Hesse, und unser Anfang ereignete sich im bezaubernden Eisenstadt. Im Zuge eines Ausflugs mit einer Freundin, die mit dem Bekannten meiner späteren Frau liiert war. Ich war müde nach einer langen Arbeitswoche, aber zur Reise schnell überredet, weil ich an das Burgenland gute Erinnerungen hatte. Die erste Lehrexkursion, zu der wir von der Handelsakademie Zwettl aufgebrochen waren, hatte uns auch in das Land der Weinreben und der beginnenden Puszta geführt. Für uns Waldviertler ist alles, was warm, fruchtbar und freundlich ist, nahe am Paradies. Ich dachte, ein bisschen Abwechslung könnte mir guttun. Schon nach zwei Gläschen raffte mich beim »Fest der 1000 burgenländischen Weine« die Müdigkeit fast dahin. Ich bin halt ein Waldviertler und bei uns heißt es salopp: »Im Lande, wo die Brauer hausen, können sich die Weinhauer brausen.« Aber selbst mit leicht verhangenem Blick konnte ich mich dem Charme dieser jungen Burgenländerin nicht entziehen. Edith wurde die Liebe meines Lebens.

Nach diesem ersten Kennenlernen gab es einen Gegenbesuch der Burgenländer Freundesgruppe bei uns im Waldviertel. Wie immer war ich zeitknapp, aber ich wollte doch ein bisschen imponieren. Also habe ich mich ans Kochen gewagt. Nicht gerade meine stärkste Domäne. Aber, SONNENTOR sei Dank, hatte ich gute Gewürze sowie die Hildegard-von-Bingen-Spaghetti mit Maronimehl im Haus, und ein Tomatensugo, den ich aus Italien mitgenommen hatte, lagerte auch noch in meinem Küchenschrank. Dazu mischte ich Fisch und fertig waren die Spaghetti à la Hannes. Der Erfolg war durchschlagend. Er legte die wohlige Basis für den darauf folgenden Ausflug mit meinen Gästen. Meine Erfahrung im Waldviertel-Tourismus kam mir zugute. Ich kletterte mit den Flachländlern in der Abenddämmerung noch auf den sogenannten Stockzahn des Waldviertels, eine Burgruine in Arbesbach, und wir besuchten den nahen Lohnbachfall, einen wildromantischen Wasserfall. Ein Flachmann mit bestem Marillenschnaps hatte seinen Einsatz, als der erste Schnee des Jahres fiel. Hoher Romantikfaktor! Damals habe ich zu meinem eigenen Vergnügen noch bei der Theatergruppe Zwettl gespielt. Wir hatten an diesem Abend noch Vorstellung. Ob Edith von meinen darstellerischen Künsten sehr beeindruckt war, habe ich sie vorsichtshalber nie gefragt. Wie es weiter verlaufen ist? Das bleibt unser Geheimnis. Spätestens an diesem Abend habe ich gewusst:

> **Das ist sie, mit ihrer fröhlich-lustigen und natürlichen Art. Ohne Fassade und Klimbim. Das Leben hat sie mir zugespielt. Ich musste im Grunde nichts tun, als sie nicht mehr gehen zu lassen.**

Zumindest glaubt man als Mann gerne, man habe das Gesetz des Handelns nicht abgegeben. Unsere Beziehung hat sich behutsam entwickelt. Zu Beginn führten wir eine Wochenendbeziehung. Edith verdanke ich meine Liebe zu Wien. Sie hat mir unsere Bundeshauptstadt mit all ihren Vorzügen erst nähergebracht. Wir haben Ausstellungen, Kaffeehäuser und Theater besucht, die vielen Gesichter Wiens kennengelernt und die gemeinsame Zeit in vollen Zügen genossen. Wien hatte ich bis dorthin immer mit Stress verbunden, vor allem mit dem Zahlen von Strafe. An Liefertagen bin ich bis zu 30 Adressen in Wien angefahren. Ich erinnere mich gut, dass ich bei meiner ersten Wienfahrt, um Kunden zu akquirieren, sogar abgeschleppt wurde. Ich war in einer Parkverbotszone gestanden, ich, der »G'scherte« aus dem Waldviertel.

Edith und ich sind zusammen gewachsen und zusammengewachsen, bis der Entschluss gefallen ist, dass sie zu mir nach Sprögnitz zieht. Es ist ihr sicher nicht leichtgefallen, von der Stadt ins Dorf umzusiedeln, Familie und Freunde in großer Distanz zurückzulassen, sich auf ein ganz anderes Leben einzustellen. Aber sie hat alle Hürden meisterhaft übersprungen. Schnell hat sie sich auch bei SONNENTOR eingefunden. Sie hat in unserer Firma mit damals noch 42 Mitarbeitern das Qualitätsmanagement aufgebaut, sie war unsere Personalentwicklerin und federführend beim Aufbau unseres Franchisesystems. Edith passt wunderbar zu mir und zu SONNENTOR. Sie ist immer am Tun, am Verändern, am Weiterentwickeln. Sie scheut vor nichts zurück und hat bei vielen Projekten Hand angelegt. Ideen, Tatkraft und Gespür in einer Person, welch tolle Kombination! Heute, ein paar Jährchen später, haben wir drei wunderbare Kinder, unsere Tochter Lea und die Zwillingsbuben Severin und Valentin. Wir schupfen gemeinsam Familie und Firma und haben immer zusammengehalten, egal wie dick oder dünn es gekommen ist. Wir nehmen die Dinge im Zweifelsfall mit Humor und wollen gemeinsam alt werden. Also, ich ein bisschen früher als sie, immerhin habe ich acht Jahre Vorsprung.

Lebensmenschen sind für mich Lebenselixier. Ich bin kein Meister des Alleinseins. Meine Energie verdoppelt sich, was sage ich, vervielfacht sich, wenn ich mich mit anderen verbunden weiß. So bedingungslos angenommen zu sein, geht es nicht uns allen darum? Die Trennung von

meiner ersten Frau Manuela war im Nachhinein betrachtet ein »Klassiker«. Wir haben SONNENTOR miteinander aufgebaut, praktisch aus dem Nichts. Unsere Töchter Susanna und Klara machten unser kleines Glück perfekt. Im Nachhinein gesehen hatte sich unsere Ehe einfach in der Firma aufgelöst. Als wir das erkannten, war es zu spät. Wir hatten mit der Zeit und durch die viele Arbeit darauf vergessen, uns auch um unser gemeinsames privates Leben zu kümmern. Die wenigen Urlaube, die wir als Familie unternahmen, hatten oft auch eine berufliche Komponente inkludiert. Wochenenden, Sonn- und Feiertage waren größtenteils irgendwelchen Firmenthemen gewidmet. Ich war unterwegs, sozusagen der Mann draußen auf der Bühne – Manuela, die Frau im Hintergrund, schupfte den Laden daheim. Nach der Scheidung verlor ich leider auch mehr und mehr den Draht zu meinen großen Mädels. Zum Glück hat sich das wieder geändert, und die Verbindung zu Klara scheint immer stärker zu werden, da sie mich nach all den Jahren und Strapazen noch immer liebt und ich schließlich für immer ihr Vater sein werde.

Mit Edith hat sich bei mir viel verändert. Ich hatte vorher einen Vollbart, das war zeitsparend, und mein Kleiderschrank war ausgehungert. Ich erinnere mich mit Vergnügen an die erste Einkaufstour mit Edith. Danach habe ich zehn Jahre jünger ausgesehen. Auch in Küche und Speisekammer blieb kein abgelaufenes Lebensmittel länger in den Schränken. Nachdem Edith eingezogen war, erkannte ich mein Haus fast nicht wieder. Darüber lachen wir heute noch. Anfangs freute sich Edith auf das kühle Waldviertel und dann hatten wir ausgerechnet 2003 auch bei uns einen Jahrhundertsommer. Dafür zeigte das Granitland im Winter darauf mit bis zu zwei Metern Schnee, was es wirklich kann.

Edith hat viele Vorzüge, einer ist unbestritten, dass mir mit ihr nie fad wird! Sie ist Kindergartenpädagogin. Wer Kinder begeistern kann, kann auch Große und Großes managen. Jetzt haben wir sogar unseren eigenen Kindergarten,

MEINE ÄLTESTE SCHWESTER ANNA,
EINE MEINER ERSTEN MITARBEITERINNEN

Meine Lebensmenschen

GLÜCKLICH, WER EINE GROSSE SCHWESTER HAT,
LEA MIT SEVERIN LINKS UND VALENTIN RECHTS

MEINE ELTERN BERTA UND IGNAZ
IM GRAUMOHNFELD 1998

EDITH, FRANZ UND MARIA GREGORICH,
EVELYN WINDISCH – MEINE LEBENS-
MENSCHEN AUS DEM BURGENLAND

das »SONNENSCHEINCHEN«, für Kinder von Mitarbeitern und aus dem Dorf. Das ist Ediths »Baby«. Ich war bei den Mädchen nie der große Aufreißer. Bei Edith wusste ich meine Chance zu nutzen. In ihr habe ich mein Gegenstück gefunden, jemanden, der mich voll und ganz versteht, der echt ist, der mit mir lacht und weint, bei dem ich so sein kann, wie ich bin.

Fast wären wir allerdings zu Beginn an ihrer Familie gescheitert. Ich übertreibe natürlich. Aber bei meinem ersten Besuch bei den Eltern von Edith fehlte am Mittagstisch der Familie eine entscheidende Person: ihr Vater. Er sei, sagte man mir etwas verschämt, mit der Motorsäge in den Wald gefahren. Er musste sich offenbar abreagieren. Ausgerechnet ins entfernte Waldviertel wollte ihm einer seine Tochter »verzahn«! Als Töchter-Papa konnte ich ihn verstehen, als Brautwerber war das dann aber doch ein Problem für mich. Am Ende hat sich alles in Wohlgefallen aufgelöst. Ediths Familie besteht aus ungemein lieben, tüchtigen und herzlichen Menschen, auf die man sich verlassen kann. Sie stammen aus einem ähnlichen Milieu wie meine Familie. Ihre Wurzeln sind kleinbäuerlich, Menschen wie sie haben sich alles hart erarbeitet. Ihr Vater Franz, auf Ungarisch Feri gerufen, war Oberamtmann. Dieser Titel ist ein Relikt der westungarischen Verwaltung und entspricht einem Amtsdirektor einer Gemeindeverwaltung. Ihre Mutter Tilde – Mathilde – hat die Familie und die kleine Landwirtschaft in Schwung gehalten. Von Anfang an habe ich gefühlt, in dieser Familie darf ich wieder Wurzeln schlagen.

Wenn mich die mögen und mich dazugehören lassen, kann ich wieder ein glücklicher Mensch werden und muss um nichts mehr zittern.

Ediths Eltern sind bis heute oft und gerne bei uns in Sprögnitz. Sie freuen sich mit uns über jeden Erfolg und sind begeisterte Großeltern. Besonders nach der Geburt unserer Kinder waren sie eine unentbehrliche Stütze. Sie sind auch zu Lebensmenschen geworden.

Meine eigenen Eltern waren immer schon Lebensmenschen für mich. Meine Mutter hat schon ihren neunzigsten Geburtstag gefeiert, mein Vater ist verstorben. Beide haben mir und meinen Geschwistern eine selbstverständliche Zuneigung gegeben, die nicht viel beredet, aber gut mit allem Notwendigen versorgt. Bis heute ist meine Mutter oft besorgt wegen ihres Jüngsten. Meine Eltern haben in ihrem Leben viel gearbeitet, aber wenig riskiert. Und dann kommt der Kleinste und stellt eine Halle um die andere auf, engagiert Mitarbeiterin um Mitarbeiter und verschickt seine Ware bis nach Japan. Ja, hallo! »Bua, was ist, wenn das net guat geht?« Geht ja gut, liebe Eltern. Man muss nur daran glauben und täglich was dafür tun.

Neben den Eltern war es meine älteste Schwester, die mich als Lebensmensch immer begleitet hat. Sie war eine meiner ersten Mitarbeiterinnen und ist bis zu ihrer Pensionierung bei SONNENTOR geblieben. Sie war nicht nur unglaublich tüchtig, sie hat auch diesen praktischen Hausverstand und das gute Gespür, die mir oft hilfreich waren, wenn ich Fragen hatte. Glücklich ein kleiner Bruder, der so eine große Schwester hat!

Sind auch Kinder Lebensmenschen? Ganz bestimmt. Aber auf eine andere Art. Sie brauchen von uns die festen Wurzeln, aber ihnen müssen auch Flügel wachsen. Sie sollen wissen, dass wir als Eltern immer ihre Lebensmenschen bleiben werden, zumindest soweit wir das beeinflussen können. Sie müssen ihre eigenen Weggefährten, ihre Ratgeber und auch ihre Widerspruchsgeister suchen. Wer sich entwickelt, braucht nicht nur Lob, sondern auch Widerstand, nicht nur Wohlwollen, sondern auch Ehrlichkeit. Nur so können wir als Menschen wachsen.

Die Kinder sind unser großes Glück. Unsere Tochter Lea Mathilde war schon als Kleinkind völlig ausgeglichen und entspannt. Sie hat mir wieder die Freude am Elternsein und an der Begleitung meiner Kinder gegeben. Das wollte ich nun aktiver und bewusster machen als in meiner ersten Familie. Auch bei diesem Thema waren Edith und ich uns zumeist einig.

Es macht mich glücklich, zu sehen, dass schon Kleinkinder das, was mir wichtig ist, Natur und Kreisläufe, sehr schnell verstehen.

Auch mit der Firma leben sie auf ihre Art mit – Lea hat uns unlängst sogar verraten, wie stolz sie auf SONNENTOR ist. Die Zwillingssöhne haben uns einigermaßen gefordert, wir hatten ja nicht über Nacht zwei Hände mehr. Unser Prinzip, wir halten zusammen, hat sich auch in diesem Fall bewährt. Wir haben uns die Arbeit so oft wie möglich aufgeteilt. Zum ersten Mal hatte ich das Gefühl, dass wirklich auch ich ein Kind bekommen hatte. Severin drückte sich vor allem auf meine Seite, Valentin wich nicht von Ediths Seite. Die Buben ticken ganz anders als die Mädchen. Sie fordern, loten Grenzen aus. Da kommt keine Langeweile auf. Wir lieben, wenn sie gemeinsam singen, lachen und spielen. Lea, die große Schwester, meint dann oft zufrieden: »Ich bin schon froh, dass ich zwei Brüder habe.«

So gibt es in abgestuften Formen und mit ganz unterschiedlichen Facetten mehrere Lebensmenschen, die in meinem bisherigen Dasein eine große Rolle gespielt haben oder spielen. Oma Zach, die auf die glorreiche Idee kam, hübsche Ringelblumen in den Sichtfenstern unserer SONNENTOR Teepackerl zu drapieren, die ersten Bauern, die sich auf meine Ideen eingelassen haben, die Betreiberin des Bioladens, die mich auf die Idee gebracht hat, dass Tee die Lebensfreude steigert und nicht nur gegen Krankheiten hilft, der Designer, der uns unterstützt hat, die Geschichte von SONNENTOR in jedem Produkt spürbar zu machen, und viele mehr. Lebensmenschen haben diese wunderbare Begabung, dass sie uns begleiten, dass sie manchmal nur mit einem Wort, einem Satz, einer Idee einen neuen Weg anstoßen, und sie haben die Fähigkeit zur Freundschaft. Die übrigens auch zu jeder Liebe gehört, wie ich heute besser denn je weiß. Manche Lebensmenschen gehen mit uns auch nur ein Stück des Weges, aber im Herzen bleiben sie für immer. Bei mir zumindest. Ich kann furchtbar treu sein!

AUCH GUT ZU WISSEN

Teewissen und Teezeremonien

Himbeerblätter zum Frühstück, Löwenzahnblätter zum Sushi, Lemongras zum Fisch und Holunderblüten zum Dessert: Tee ist zu jeder Tageszeit und zu allen Speisen ein Genuss. Am besten wird er lauwarm genossen, damit er den anderen Speisen eine Chance gibt, ihr eigenes Aroma zu entfalten und Temperaturunterschiede gut ausgleicht. Tee zu trinken ist ein Verbundensein mit einem Moment des Innehaltens. Wer die losen Blätter, Blüten oder Gewürze leicht zwischen den Fingern zerreibt und daran riecht, macht seine Sinne bereit für einen Moment des achtsamen Wahrnehmens. Wenn das heiße Wasser, je nach Teesorte verschieden stark erhitzt, über die Blätter, die Pyramidenbeutel oder die Teesackerl fließt, entsteht im Moment etwas Neues – ein Lebensgefühl der Verbundenheit mit all denen, die angebaut, gehegt, geerntet und verpackt haben, was bald den Gaumen des Teegenießers erfreuen wird. Übrigens: Sanddorn harmoniert mit Frischkäse und Honig, Hibiskus mit Backhuhn, Rooibos-Orange mit orientalischen Spezialitäten, Earl Grey begleitet gern den Sonntagskuchen und Oolong mischt sich gerne zu Karotten. Und das ist längst nicht alles, was man über Tee wissen kann.

Meine Lebensmenschen

AUS DER BAUERNFAMILIE

Familie Preiss

Zitronenmelisse
Zitronenmelisse vertreibt als Tee oder Sirup genossen Nervosität und Unruhe. Sie lindert Kopfweh und Menstruationsbeschwerden.

So vielfältig wie die Natur am niederösterreichischen Wagram mit seinen Weingärten, Feldern, Wiesen und kleinen Wäldern ist auch der Biohof von Anita und Franz Preiss in Stetteldorf. Die beiden kultivieren Zitronenmelisse, Pfefferminze, Apfelminze, Brennnessel, Liebstöckel, Krauseminze, Kürbiskerne und mehr mit großer Leidenschaft und in Bioqualität. Sie machen ihre Arbeit so gut, dass ihnen SONNENTOR 2015 die »Goldene Sichel«, eine Auszeichnung für die gute Zusammenarbeit und die hohe Qualität und Verlässlichkeit, verliehen hat.

Wenn sie die Sichel – natürlich nicht die goldene – für eine kurze Pause während der Arbeit auf ihren Feldern direkt an der Wagramkante zur Seite legen, genießen sie den herrlichen Blick über das Tullnerfeld. Anita kann dann ihr Glück oft kaum fassen. Sie hat der Liebe zu Franz wegen ihren Büroarbeitsplatz gegen einen in der Natur getauscht. 1986 haben die beiden den Hof der Eltern von Franz in Stetteldorf übernommen. Anita wurde zur Biolandwirtin. Besonders beim Abpacken des SONNENTOR Glückstees muss sie oft an diesen Schritt denken. Ihre Freude im Umgang mit den Pflanzen beweist, dass sie damals eine glückliche Entscheidung getroffen hat.

Von Stolpersteinen und dem Stein der Weisen

Meine größten Erfolge beim Scheitern
und warum den salzigen Eistee keiner wollte

Scheitern

»Sie haben wir gebraucht! So ein tolles Konzept!« Schmeichelei ist ein großer Verführer. Und schon beißt die Eitelkeit an und der Stolz schluckt den Köder. Ich weiß, wovon ich spreche. Im Jahr 2003 wurden wir eingeladen, im Wiener Museumsquartier einen Bioladen zu eröffnen. Wow, dachten wir. Ein ehrwürdiger, traditioneller, wertvoller Platz direkt im Herzen von Wien, wenn das kein »Ritterschlag« war für den kleinen Kräutergreißler aus dem Waldviertel! Ich wollte unbedingt auf dieser tollen Bühne stehen. Ich wollte beweisen, dass wir das können, dass wir mitten im Zentrum der schicken Stadt, im Umfeld von Kunst und Kultur, einen erfolgreichen Laden führen. Und ich sagte Ja. Auf uns wartete jede Menge Arbeit. Wir wollten das Konzept unseres Biomarktes »Unterm Hollerbusch«, den wir schon in Zwettl führten, den Bedürfnissen der Großstadt anpassen. Deswegen integrierten wir in den Laden ein kleines Gastronomieangebot für einen gesunden Mittagstisch. Mit einem Architekten entwickelten wir ein besonderes Ladenkonzept mit einer tollen Ausstattung. Wir brüteten über Design und Werbematerialien. Wir wollten alles richtig machen, haben viel Zeit und Geld investiert. Die finanziellen Aufwendungen sollten sich bei gutem Geschäftsgang in den ersten drei Jahren rechnen. So stellte sich das der kleine Hannes aus dem Waldviertel vor. Es kam anders.

Zwei Jahre waren wir voll motiviert, ein unvergleichliches SONNENTOR-Erlebnis in der Bundeshauptstadt aufzubauen. Es war schwer zu akzeptieren, aber wir kamen nicht annähernd auf den Umsatz, ab dem sich die Miete und die getätigten Investitionen auszahlen. Wir haben viel versucht, zuerst haben sich eigene Angestellte ins Zeug gelegt, dann eine erfahrene Familie aus der Biobranche. Aber umsonst. Der Laden wollte nicht laufen. Ich habe das einfach nicht verstanden und wollte nicht aufgeben. Da stand doch auch meine Ehre auf dem Spiel! Daher haben meine Frau und ich es auch noch einmal und dieses Mal selbst probiert. Im Jänner 2005 pendelten wir vier Wochen lang jeden Tag von Sprögnitz nach Wien und schupften den Laden. Wir haben selbst gesehen, wer kommt, was die Kunden wollen und was nicht. Nach drei Wochen war klar: Aus, das geht wirklich nicht. Wir hatten einen denkbar schlechten Standort, der im Gefüge des Museumsquartiers für die Kundschaft zu versteckt lag. Wir haben darum gebeten, einen Ausgang zum belebten Innenhof zu bekommen, aber den hat man uns nicht gewährt. Was blieb uns übrig? Schweren Herzens haben wir den Mietvertrag sofort gekündigt, obwohl wir eigentlich auf fünf Jahre gebunden waren. Bei diesen Rahmenbedingungen konnten wir nichts gewinnen. Am Ende der drei Wochen war ich ziemlich kleinlaut.

Wir haben in Wien ordentlich Lehrgeld bezahlt. Ich habe mir meine »Watsche« dafür abgeholt, dass ich mich von meiner eigenen Eitelkeit habe blenden lassen.

Aus dieser Niederlage haben wir gelernt. Ein SONNENTOR Geschäft kann kein Bioladen mit Vollsortiment vom Apfel bis zum Schinken sein. Es wird ein Spezialgeschäft mit unseren eigenen Produkten werden. Diese wertvollen Lehren sind später in das Konzept unseres Franchisesystems eingeflossen. Nichts ist umsonst, sagt man, oder: Man weiß nie, wofür etwas gut ist. Im Nachhinein lernt man sogar die Wachstumsschmerzen lieben.

Damals ist mir endgültig klar geworden, dass uns nicht gelingen kann, was nicht im Kern zu uns passt. Aber das weiß man erst, wenn man es probiert hat. Einmal sitzt man einer eigenen Idee auf, die sich als »Rohrkrepierer« erweist, ein anderes Mal lässt man sich zu etwas verführen, was wie eine falsche Braut einfach nicht zu einem passt. Im Management ist die Kunst des Scheiterns gerade modern. Ich käme auch ohne sie aus, wenn ich ehrlich bin. Aber wer nichts wagt, der nichts gewinnt, heißt es bei uns. Auch in der Entwicklung neuer Produkte sind nicht immer alle Ideen aufgegangen. Wir haben es mit eigenen Nudeln und Trockenfrüchten probiert, Fehlanzeige. Um noch schöner zu werden, tüftelten wir an einer eigenen Naturkosmetiklinie. Vier Jahre haben wir nach den besten Rohstoffen und Rezepturen gesucht. Wir haben probiert, verworfen, neu überdacht, geschmiert, gerührt und gecremt, aber wir konnten einfach nichts Überzeugendes in die Tiegel füllen. Jetzt leben wir auch ohne eigene Kosmetik gut und überzeugen als natürliche Schönheiten.

Manchmal scheitert man nicht, weil man zu spät, sondern weil man zu früh dran ist. Schon 2004 wollten wir das Thema Eistee neu erfinden. Statt Zucker sollte ein Hauch Salz den Tee zum ultimativen Durstlöscher machen. Mein gesunder Menschenverstand hat mir gesagt, dass es logisch ist, dem Körper, der beim Schwitzen Salz verliert, dieses Mineral wieder zuzuführen. Warum sollte man dem sommerheißen Organismus ausgerechnet Zucker zuführen, den man ohnehin schon in viel zu großer Menge mit allen erdenklichen Lebensmitteln aufnimmt? Ich persönlich kann ohnehin kein »Zuckerwasser« trinken, weil mich sofort heftiges Sodbrennen befällt. Zudem wurde die Kritik an verstecktem Zucker in allen möglichen Softdrinks immer lauter. Mir schien klar: Eine Alternative musste her. So haben wir mit viel Enthusiasmus den zuckerfreien »Eistee« schön benannt, ihn hübsch verpackt zu Messen mitgenommen und im ersten Jahr immerhin über 120.000 Flaschen verkauft. Im zweiten Jahr war es nur noch die Hälfte. Dann haben unsere lieben deutschen Freunde auch noch eine neue Pfandabgabe für unsere Flaschen eingeführt, was unserem ambitionierten gesunden Eistee endgültig den Garaus machte. Wir wollten nicht gleich aufgeben und haben noch eine leicht gesüßte, aber doch salzige Variante in einer Verpackung ohne Pfand probiert. Aber es war vorbei. Unsere Kunden waren nicht überzeugt und wir waren überstimmt. Wir gewinnen die Wahl täglich am Verkaufsregal. Oder wir verlieren sie. Bald wurden nur noch einige Zehntausend Flaschen nachgefragt und schließlich haben wir den Versuch ganz eingestellt. Eistee muss süß sein, sagen die Geschmacksnerven der Mehrheit. Das kann auch ein Gutmann nicht ändern. Meine weise Mutter würde sagen: Eh gut, dass die Bäume nicht in den Himmel wachsen.

Wer Unternehmer ist und niemals scheitert, macht sich etwas vor oder sagt nicht die Wahrheit.

Wir Österreicher haben keine besonders ausgeprägte Fehlerkultur. Lieber reden wir uns die Misserfolge schön. Schade, denn so nehmen wir uns die Chance, etwas dazuzulernen. Außerdem liegt nicht alles, was wir überlegen und kalkulieren, in unserer Hand. Wer alles unter Kontrolle haben will, verhindert, dass etwas wachsen kann. Natürlich will auch niemand völlig abstürzen und den Untergang riskieren. Daher ist es wichtig, das Risiko halbwegs kalkulierbar zu halten.

Weil wir gerade bei den Misserfolgen sind: Seit vielen Jahren bin ich in Kontakt mit einem begnadeten Entwickler von Biolinien in Österreich. Er hat uns umworben und schließlich dafür geworben, für seine eigene Biomarke, die er bei einem Diskonter entwickelt hat, Gewürze und Tees in einer kleinen Spezialedition abzufüllen. Wir sagten zu. Wäre es nicht sinnvoll, Kapazitäten voll auszunützen, wenn die Nachfrage in anderen Bereichen gerade geringer war? Anfangs schien das auch aufzugehen. Wir waren mit dem Absatz ganz zufrieden.

Doch dann sind unsere Mitarbeiter selbst in die Läden einkaufen gegangen und ganz entsetzt zurückgekommen, wie lieblos dort unsere wertvollen Produkte in Schütten gelandet sind. Das schmerzte sie in der Seele. »Nein«, sagten sie, »das passt nicht zu uns und unserer Philosophie.« Ihre Unruhe wuchs, weil wir nicht gleich folgen wollten. Die Verlockung des kaufmännischen Erfolgs war groß. Aber auf Dauer konnten wir uns den Einwänden auch in der Fokusgruppe, dem Führungskreis im Unternehmen, nicht verschließen. Wir haben diskutiert, ob wir den Kunden weiter beliefern wollen. Bei der finalen Abstimmung war ich der Einzige, der für eine Fortführung der Zusammenarbeit war. Das war ernüchternd und nicht angenehm, aber ich habe gelernt, solche Abstimmungen zu respektieren und sogar zu schätzen. Bis heute blieb das unser einziger Ausflug in die Diskontwelt. Er war lehrreich und hat uns geholfen, noch klarer zu wissen, wer wir sind.

Zur Geschichte meiner Stolpersteine gehören auch einige Versuche, Führungspositionen mit neuen, branchenfremden Mitarbeitern zu besetzen. Das hat sich nicht immer bewährt.

Seither bauen wir unsere Führungskräfte konsequent im eigenen Unternehmen auf. Das hat sich hingegen sehr bewährt.

Man kennt einander lange und weiß, was man aneinander hat. Der Spirit entscheidet; vieles, was man fachlich braucht, kann man lernen. Selten, aber doch trennen wir uns auch wieder von Mitarbeitern. Für die wenigen, mit denen wir scheitern, entschädigen uns die vielen, die seit Jahren mit uns das Unternehmen tragen und aufbauen.

Nicht alles, was misslingt, wächst auf eigenem Mist. Manches Mal kann man Entwicklungen kaum steuern und sie führen gerade deswegen in ein Scheitern. Beispielsweise ist es bitter, wenn man vom Konkurs eines Partners betroffen ist. Das ist uns ein paar Mal passiert. Ganz zu Beginn hatten wir einen griechischen Vertriebspartner, der zwar über viel Idealismus, aber wenig Geschäftssinn verfügte. Seine Idee, SONNENTOR in Hellas groß herauszubringen, geriet deswegen eher zur Tragödie als zur unterhaltsamen Komödie. Zwei Mal kamen schließlich Vertriebspartner ins Trudeln und nahmen bei ihrem Sturz ins Nichts Geld aus unserer Kasse auf Nimmerwiedersehen mit. Gott sei Dank steht SONNENTOR auf so vielen gesunden Beinen, dass uns das Scheitern anderer nie »die Haxen ausgerissen« hat.

Neben den geschäftlichen gibt es auch die menschlichen »Verführungen«, aus denen man lernen kann. Entgegen meiner Mentalität hat mir zum Beispiel ein befreundeter Autohändler einmal ein größeres Auto schmackhaft gemacht. Ich sei doch ein erfolgreicher Unternehmer, meinte er, und er hätte das passende Auto für mich. Es war ein Vorführwagen der Marke Audi, ein A6 Quattro. Meinen alten Audi 90 wolle er gerne zurücknehmen, ich solle doch den Neuen einmal probieren. Nach der ersten Ausfahrt hat mein stolzes Hirn dem Vehikel den Zuschlag gegeben, auch wenn der Bauch flehentlich fragte: »Hannes, wozu?« Bei meiner ersten Deutschlandreise wollte ich das Ding testen und gab auf der Autobahn Gas bis die Tachonadel bei 240 stand. Endlich überholte ich und nicht die anderen mich. Keine Frage, das war ein beflügelndes Gefühl. Es hielt aber nicht lange an. Beim Stopp an der nächsten Tankstelle errechnete ich für 100 Kilometer einen Spritverbrauch von 12,5 Litern. Mir wurde schlecht. Der sparsame Waldviertler sah die roten Alarmlichter blinken. Zu Hause angekommen, war mein Entschluss klar, das Spielzeug musste wieder weg. Ich tauschte den Quattro gegen drei Tonnen Bioanis. Den konnte ich immerhin mit Gewinn verkaufen und hatte wieder etwas gelernt. Erkenne, was du nicht brauchst, das macht unabhängig und glücklich. An der Kunst des Neinsagens zeigt sich, was den Unternehmer ausmacht. Ein Nein nimmt den Druck, den andere dir machen. Seit dieser Zeit besitze ich kein eigenes Auto mehr. Wir haben einen VW Caddy als Familienfahrzeug, in dem wir mehr als genug Platz für unsere fünfköpfige Gutmann-Crew haben. Für berufliche Fahrten parkt für alle Mitarbeiter von SONNENTOR ein kompaktes Sortiment von Firmenfahrzeugen vor der Haustür. Mehr muss nicht sein. Der größte Fahrspaß ist, wenn man das Auto gar nicht braucht.

Manchmal rumpelt es auch im unmittelbaren Umfeld so, dass man fast daran scheitert. Selbst in unserem geliebten Sprögnitz geht nicht immer alles glatt. Für manche ist ein Unruhegeist, wie ich es bin, schwer auszuhalten. In einem Dorf kommen verschiedene Menschen zusammen und da ist man auch mal schnell unterschiedlicher Meinung. Da hat man oft etwas zu bereden, beispielsweise unsere Mentalität der offenen Tore. Wir freuen uns über Besuch und Gäste, die uns kennenlernen wollen. Im beschaulichen, trauten Dorfalltag und der ländlichen Gemeinde musste man sich daran erst gewöhnen. Viele in der Gemeinde und im Dorf sind stolz auf uns und viele sind in der einen oder anderen Form mit SONNENTOR verbunden. Andere haben die Gabe, nur die Probleme zu sehen oder sich benachteiligt zu fühlen. Da muss man schon fast Psychologe oder Mediator sein, um gute Lösungen zu finden, mit denen alle leben können. Wer nicht gefordert wird, kann auch nicht wachsen. Wir nehmen die Herausforderung an, bei Problemen zuzuhören, miteinander zu reden und den Kritikern entgegenzukommen. Sei es mit dichten Schallschutzfenstern, wie das schon der Fall war, oder indem wir uns an der Infrastruktur oder Einrichtungen des Dorfes finanziell beteiligen.

Bleibt noch das Stolpern über Zeitdiebe aller Art. Wir werden immer wieder von inspirierten Menschen regelrecht belagert, die Ideen mit uns umsetzen wollen und Unterstützung brauchen. Meine Mitarbeiter und ich hören uns das an. Meistens verabschiede ich sie und sage ihnen, sie mögen sich doch, bitte, ihren eigenen Weg, ihre eigene Straße suchen. Bei aller Liebe, aber ich will mich nicht in eine Richtung drängen lassen, die nicht unsere ist. Das habe ich, siehe oben, schon gelernt. Das können manche schwer verstehen. Was unser Leben gelegentlich etwas mühsam macht. Die ganz Verwegenen kommen geradezu erpresserisch auf uns zu und meinen, mit unserem Leitbild müssten wir doch dieses oder jenes, also eigentlich, was sie von uns wollen, mit ihnen machen. Müssen wir nicht. Wir machen, was uns Freude macht. Mit Verlaub, wir nehmen unsere Verantwortung für das Gemeinwohl ernst. Wir unterstützen verschiedene Projekte. Aber welche, entscheiden wir selbst.

Als Unternehmer bin ich also mit dem Scheitern in verschiedenen Formen und Bereichen vertraut.

Gott sei Dank hielt sich das bisher in lernbaren Grenzen, sonst wäre der Spaß schon vorbei. Es ist kein großes persönliches Drama, mit einer Strategie nicht durchzukommen, mit einem Produkt nicht zu landen, mit einem Partner zu scheitern. Das ist Business as usual. Das wirklich erschütternde Scheitern war für mich das Zerbrechen meiner ersten Ehe und der damit verbundenen Familie. Das ging tief. Es erschütterte die Grundfesten der eigenen Person und des Selbstwerts. So zu scheitern wünsche ich niemandem. Aber auch aus dieser Niederlage wurde eine neue Chance. Ich habe meine Frau Edith kennengelernt, wir sind Eltern von drei wunderbaren Kindern und freuen uns letztendlich über noch mehr Erfolg, weil wir als Team unschlagbar sind.

DAS GRANITSTEIN-REICHE WALDVIERTEL

Von Stolpersteinen und dem Stein der Weisen

Von Stolpersteinen und dem Stein der Weisen

RINGELBLUMEN BLÜHEN
BIS ZUM ABFRIEREN

AUCH GUT ZU WISSEN

Mischt die Karten, Kinder!

Der erste Fernseher mit Schwarz-Weiß-Bild wurde Familie Gutmann in Brand 1975 geliefert. Damals war ich zehn Jahre alt. Für Kids von heute ist es unvorstellbar, dass unser erstes Telefon erst weitere fünf Jahre später von der Post installiert wurde. Genau gesagt war es nur ein »Vierteltelefon«, das wir uns mit drei anderen Benutzern geteilt haben. Wir mussten also in der Regel selbst für unsere Unterhaltung sorgen. An gewöhnlichen Wochentagen wurde das Radio mit dem »Betthupferl« um 19 Uhr abgedreht. Danach wurden die Spielkarten gezückt. Ich habe mit fünf Jahren nur durch Zuschauen, wenn die anderen zu zweit geschnapst haben, die Karten kennengelernt und dann bald einmal das erste Bummerl mit meiner Mutter gespielt.

Kartenspielen war einfach praktisch. Man brauchte keine großen Vorbereitungen, es war kurzweilig und für jede Anzahl von Kartenspielern gab es ein Spezialspiel. Wir haben oft und mit Vergnügen Karten gespielt. Unsere Eltern haben gerne mitgemacht. Was haben wir dabei gelacht und gestritten! Wer miteinander spielt, lebt ganz anders, entwickelt andere soziale Fähigkeiten. Der Spieltrieb ist uns angeboren, nur leider ist er heute oft verkümmert. Kartenspieler sind selten geworden, nur das Spiel mit dem Smartphone und seinen zahlreichen Apps erlebt eine Hochblüte. Wie langweilig, so alleine zu spielen! Wer miteinander spielt, dem wird nicht fad und er lernt für das tägliche Leben. Ich habe schon als Kind immer etwas riskant gespielt. Vielleicht erste Anzeichen, dass ich einmal Unternehmer werde? Auch bei dieser Aufgabe muss man mutig etwas einsetzen. Wer nicht wagt, der nicht gewinnt!

ZWEI SPIELEN, DIE ANDEREN HABEN EINE GAUDI.
ERNST, SEPP, HANNES, JOSEF, HANS (V.L.N.R.)

Daheim wurde nicht um Geld gespielt, sondern um Punkte oder mit dem Spielgeld des DKT (»Das kaufmännische Talent«). In meinem Elternhaus haben wir einmal im Monat den Samstagabend dem Bauernschnapsen mit einer befreundeten Familie gewidmet. Heute spiele ich mit meiner Mutter noch immer ein Bummerl, wenn ich sie besuche. Ich bin glücklich, dass sie das noch so gut beherrscht. Auch auf Messen und Auslandsreisen sind meine Karten immer dabei. Sie haben mir und meinen Mitarbeitern schon viele vergnügliche, entspannte Abendstunden beschert. Auch meine Kinder spielen Karten mit mir. Jeden Mittwochnachmittag schnapse ich außerdem zwei Stunden in der »Leibspeis'« mit einigen Männern aus dem Dorf und der Umgebung. Die Runde ist offen, jeder kann mitmachen. Es geht in erster Linie um die Unterhaltung. Sie wissen das ohnehin: Männer tratschen nicht, Männer philosophieren. Ein Sprichwort sagt außerdem: »Beim Kartenspiel und einem Achterl im Wirtshaus erfährst du mehr, als zu Hause bei einem Kübel voll Bier.«

AUS DER BAUERNFAMILIE

Familie Reiser

Salbei
Salbei wärmt und desinfiziert, er regt die Verdauung an und hemmt den Schweiß. Als Tee wirkt er bei Schnupfen und Husten wohltuend.

Auf eigenen Füßen stehen, um andere das Gehen zu lehren … Oregano braucht viel Sonne und einen durchlässigen Boden. Beides findet das würzige Kraut in Rohrau, einem Ort an der Grenze von Niederösterreich zum Burgenland. Dort kultiviert Martin Reiser mit seiner Frau Andrea für SONNENTOR Kräuterspezialitäten, unter anderem den Oregano. Der Name Reiser leitet sich übrigens von »das Getreide reist gut« ab. Das bedeutet, dass es einen guten Ertrag gibt. Ein solcher Name ist eines guten Biobauern absolut würdig.

Martin ist sehr erfahren und weiß genau, was seine Böden brauchen, um beste Bioqualität hervorzubringen. Seine Söhne nehmen an seinem Wissen über die Pflanzen bereits regen Anteil, was den Vater hoffen lässt, dass einer von ihnen in seine Fußstapfen treten wird. Mit Stolz erzählt er von David, den er gelehrt hat, auf eigenen Füßen zu stehen. David ist inzwischen ein guter Biobauer geworden und wird hoffentlich die nächste Biobauerngeneration das Gehen lehren.

Kapitel 7

Einmal um die ganze Welt

Meine Freunde auf allen Kontinenten und wie das Konzept SONNENTOR auf Reisen geht

Ich bin ein leidenschaftlicher Waldviertler und liebe meine Heimat. Aber genauso gerne blicke ich über den Tellerrand hinaus und begebe mich auf Reisen. Ich will wissen, wo der Pfeffer wächst, ich interessiere mich für die Bauern mit dem feurigen Paprika, und die Gegend, wo die Vanille wächst, habe ich auch schon persönlich in Augenschein genommen. Alles hat irgendwo seine Heimat, und weil die Welt so groß ist, sind viele Gäste im Gewürzregal heute längst zu Küchenklassikern geworden.

Mir geht das Herz auf, wenn ich sehe, dass auch anderswo Bauern biologisch produzieren und wir sie in ihrer Existenz unterstützen. So verstehen wir Partnerschaft auf Augenhöhe.

Aber nicht nur wir gehen auf Reisen, auch die Kräuter und Gewürze aus Österreich werden dank SONNENTOR im wörtlichen Sinn in die halbe Welt geliefert. Wenn ich unsere Vertriebspartner in fernen Ländern treffe, weiß ich alles, was bei uns mit viel Liebe hergestellt wurde, in guten Händen. Reisen ist ein Teil meines Jobs. Ich möchte ein Land pro Jahr neu kennenlernen. So sind mir im Laufe der Jahre einige Weltgegenden vertraut geworden. Eine meiner schönsten Reisen führte mich nach Tansania, eine der aufregendsten nach Indien. 2009, meine Tochter Lea war gerade unterwegs, machte ich Bekanntschaft mit unseren Produzenten auf dem Subkontinent. Für einen Landmenschen wie mich, gewohnt an die Leere des Waldviertels, war das Gewusel von Menschen, Tieren und Fahrzeugen eine Herausforderung. Die gastfreundlichen Inder waren mir sympathisch, aber ihre Art Auto zu fahren hat mich in leichte Panik versetzt. Ich wollte doch jedenfalls das Baby sehen, das meine Frau noch im Bauch getragen hat! »Wäre ich doch nur daheim geblieben«, schoss es mir während einer rasanten Autofahrt durch den Kopf, bevor ich mich übergeben musste. Das war mir davor nur als Sechsjährigem bei meiner ersten Wienfahrt passiert. Kühe, Fußgänger, Radfahrer, Rikschas, Tuk-Tuks, Autos, Busse, Lastautos und Mega-Liner: Alle streiten sich in einem wilden Gewirr um die nächste freie Bahn. Die einst von den Briten aufgestellten Verkehrsregeln scheinen längst vergessen, und dass man bei Nacht sein Fahrzeug beleuchten sollte, wird als unnötiger Lampenverschleiß einfach ignoriert. Unglaublich! In Indien habe ich aber auch das erste Mal in meinem Leben einen Urwald gesehen, wenn auch nur in Form eines kleinen Parks von rund 200 Hektar. Es hat mich aber auch extrem verstört zu hören, wie die internationalen Konzerne die Bauern in den Ruin und in den Selbstmord treiben. Sehr bedrückend. Die Bauern dort sind nicht mehr Herr ihres Lebens und ihres Schicksals. Die Regierenden meinen, Indien müsse sich schnell selbst ernähren können. Um das zu bewerkstelligen, ist ihnen nichts Besseres eingefallen, als ihr Land an die Gentechnik, vor allem aber an die großen Firmen zu verkaufen. Die haben sie nun völlig in der Hand. Saatgut und Pestizide kommen im Paket vom Konzern, und jedes Jahr müssen die Bauern neu einkaufen, weil ihr Saatgut nicht keimfähig ist.

Indien ist ein Land der krassen Gegensätze. Das spürt man auf Schritt und Tritt. Unglaublich viele arme Menschen vegetieren in ihren Wellblechhütten an den Straßenrändern. Dahinter glitzern die hochmodernen, gläsernen Bürotürme der internationalen Businesswelt in der staubigen Hitze der Städte. Wenn man diese Spannungen erlebt, kann man nur zu dem Schluss kommen, dass wir in Österreich dagegenhalten müssen, um nicht mitgerissen zu werden. Wirtschaften geht auch anders, so, dass viele etwas davon haben, vor allem ein gutes Leben. Wir müssen weltweit die kleinen Bauern unterstützen, um einer verträglichen Landwirtschaft eine Chance zu geben.

Ich bin kein Weltverbesserer oder naiver Träumer. Aber es liegt auf der Hand, dass in vergifteter Erde eines Tages nichts mehr wachsen wird. Um das zu verstehen, braucht es kein Studium, nur Menschenverstand. Und ein wenig Mitgefühl mit allem, was lebt. Die »Entwicklungshilfe«, die wir mit SONNENTOR im strukturschwachen und von Abwanderung bedrohten Waldviertel geschaffen haben, könnte als Modell weltweit funktionieren. Man muss nur den »richtigen« Menschen begegnen und der »Samen« fällt auf fruchtbaren Boden.

Aber man muss gar nicht auf einen anderen Kontinent reisen, um in ein fremdes Land zu kommen. Wenn ich von Zwettl dreißig Kilometer Richtung Norden fahre, bin ich in Tschechien bei unseren lieben Nachbarn. Ich bin mit dem Eisernen Vorhang aufgewachsen. Kein Wunder, dass uns, als 1990 dem Ungetüm mit Eisenzangen der Garaus gemacht wurde, die Menschen jenseits der Thaya so wenig vertraut waren wie Inder oder Japaner. »Wer sind denn die?«, stand als großes Fragezeichen in vielen Köpfen.

Als wir erste Kontakte nach Tschechien geknüpft haben und mit Tomáš Mitáček unser erster Partner am Horizont aufgetaucht ist, waren unsere Waldviertler Mitarbeiter sehr skeptisch. Fünfzig Jahre waren die Länder getrennt, das hat Spuren hinterlassen. »Drüben in der Tschechei« war gefühlt eine andere Welt. Daran kann ich mich gut auch selbst erinnern. »Wir fahren da ganz sicher nicht hinüber«, war noch die harmloseste Form, wie festgefügte Vorurteile sich in Abwehr manifestierten. Ich musste als Chef sanften Zwang ausüben, um sie über die Grenze zu bugsieren. Inzwischen hat sich ihr Sinn für die Vorzüge unserer Nachbarinnen und Nachbarn so weit entwickelt, dass wir uns sogar schon über bilateralen Nachwuchs in Form von Kindern freuen.

Die Tschechen waren von Anfang an offener. Sie sind neugierig und wissbegierig auf uns zugegangen. Inzwischen sind wir auch in Tschechien mit 26 Bauern eng verbunden. Sie bauen und ernten wunderbare Kräuter. Außerdem wächst bei unseren nördlichen Nachbarn die Zahl derer, die einen Sinn für hochwertige Biowaren haben. In der eleganten Prager Innenstadt führen wir bereits ein SONNENTOR Geschäft. Es wird nicht das einzige bleiben.

Dank unserer guten Zusammenarbeit gehen in Tschechien inzwischen 130 Menschen durch das SONNENTOR zur Arbeit. Josef Dvořáček führt seit 2008 die Geschäfte in Tschechien und ergänzt als wichtiger Partner unser »Urgestein« Tomáš Mitáček.

Die Tschechen denken sehr unternehmerisch. Manchmal kommt mir in den Sinn, dass die Generation, die dort aktiv ist, den Vorteil hat, nicht im Speck aufgewachsen zu sein.

Sie sind nicht im Überfluss groß geworden. Sie haben Biss, sie wollen etwas schaffen, etwas erreichen und ein besseres Leben als in der Vergangenheit. Ihnen fehlt das in sich Verbremste, das ich bei Menschen in unseren Breiten immer wieder erlebe. Mehr als alle Bürokratie und andere Hindernisse stehen sich bei uns viele selbst im Weg. Bevor sie sich darauf einlassen, Unternehmer zu werden, wollen sie lieber pragmatisiert werden. In der Einstellung zum Wirtschaften fühle ich mich den Tschechen sehr nahe.

Ein leuchtendes Beispiel für Eigeninitiative ist ein weiterer Partner von uns. Csaba Szakács, der Zapfensammler und Gärtner aus Rumänien

Einmal um die ganze Welt

UNSERE KANNENBEUTEL AUS MAISSTÄRKE SCHMECKEN SOGAR DEM REGENWURM. DAZU SAGEN AUCH UNSERE TSCHECHISCHEN KOLLEGEN „PLASTIK IST NUR WAS FÜR BARBIES".

mit einem Faible für die Biolandwirtschaft, kam im Jahr 2000 zu uns nach Sprögnitz und hat einfach gefragt, was er tun müsse, damit wir mit ihm zusammenarbeiten. Wer rechnet mit so jemandem? Er hatte praktisch nichts vorzuweisen als seinen unbändigen Willen. Was tun? Wie im Märchen, wo dem mutigen Prinzen drei Aufgaben gestellt werden, damit er die Prinzessin bekommt, habe ich ihn nach Hause geschickt mit dem Auftrag, wenn er sich um ausreichend passende Bioanbauflächen bemühe, könne er in einem Jahr wiederkommen. Tatsächlich stand er 2001 wieder vor der Tür. Die erste Aufgabe war erfüllt. Nun habe ich ihm Sämereien mitgegeben für Ringelblumen, Kornblumen – alles, was wir damals schon an Kräutern in immer größerer Menge gebraucht haben. Und 2003 stand er mit der ersten tollen Ernte vor der Tür. Er hatte geschafft, was er sich vorgenommen hatte, und das hat mir ungemein imponiert.

Csaba hatte das Glück, dass viele Menschen in den Dörfern von Transsilvanien für ihn arbeiten wollten. Dann kam allerdings 2007 der Beitritt Rumäniens zur Europäischen Union. Für das Land eröffnete sich eine riesige Chance zur Entwicklung, für den armen Csaba kam das aber einer mittleren Katastrophe gleich. Viele, die bisher für ihn gearbeitet hatten, waren dann mal weg Richtung Westen, den sie sich mit entsprechenden Löhnen zu vergolden hofften. In dieser Krise waren wir als Partner gefordert. Wir haben Csaba finanziell unter die Arme gegriffen. Damit konnte er durchhalten, bis die Ersten wieder reumütig aus dem vermeintlichen Paradies zurückkamen.

Quasi als Dank hat uns das Leben noch eine weitere Chance zugespielt. 2008 hat uns die Sekretärin von Csaba einen Herrn vorgestellt, der sich ebenfalls bei SONNENTOR engagieren wollte. Sein Name war Thomas Weinraub. Seine Geschichte ist eng mit jener Europas verknüpft. Seine jüdische Familie war von Rumänien nach Palästina ausgewandert. Thomas hat dort sein Studium abgeschlossen, um dann aber in das Land seiner Eltern zurückzukehren. Ursprünglich wollte ich mit Csaba eine gemeinsame Firma in Rumänien gründen. Aber da wäre er falsch eingesetzt gewesen. Mein Freund Csaba war Gärtner und kein Händler. Bei Thomas lagen die Dinge anders. Bevor wir gemeinsame Sache machen konnten, musste ich ihn aber noch motivieren, lösungsorientiert zu denken. Thomas sah überall die Probleme. Jeden zweiten Satz fing er an mit: »Bei uns in Rumänien geht das nicht.« Nach einem halben Tag hat mir das gereicht. »Lieber Thomas, so geht das nicht«, habe ich ihm gesagt. »Entweder lernst du, die Chancen zu sehen, oder wir müssen unsere Zusammenarbeit aufgeben, ehe sie richtig begonnen hat.« Darüber musste er erst einmal schlafen. Am nächsten Tag ist er wiedergekommen und hat gesagt, er wolle es versuchen. Diese Chance sollte er haben. Er wurde unser Partner. Nach einem halben Jahr war aus seinem Sprachgebrauch verschwunden, was alles in Rumänien nicht möglich sei. Heute arbeiten in Rumänien rund 70 Erntehelfer und Kräutersammler für Csaba und für SONNENTOR. Auf rund 100 Hektar Land wachsen wunderbare Biokräuter und -blüten. Und jedes Jahr werden es 20 bis 30 Prozent mehr.

Weil ich gerade ins Schwärmen komme: Aus Albanien beziehen wir herrliche Brombeerblätter aus biozertifizierter Wildsammlung, Wacholderbeeren aus Bioplantagen, wunderbaren griechischen Bergtee und eine besonders intensive Zitronenverbene. In diesem kleinen Land im Süden Europas sorgen alpines und mediterranes Klima für eine große Vielfalt an Pflanzen. Leider sind die Albaner bettelarm und oft noch verstrickt in alte Traditionen wie die Blutrache. Die grassierende Korruption tut das ihre, um Entwicklungen zu verhindern. Ausländische Geschäftsleute, die wie wir unter keinen Umständen Schmiergeld bezahlen wollen, bekommen kaum einen Fuß in das Land. Ich erinnere mich an die ersten Gespräche, die von der österreichischen Entwicklungszusammenarbeit für mich in Albanien eingefädelt worden sind.

Einmal um die ganze Welt

KRÄUTERANBAU UND ERNTE IN ALBANIEN

Die Gastfreundschaft der Albaner war überwältigend, aber wir haben nur geredet und geredet und nichts auf den Boden gebracht. So weit kennen Sie mich schon, um zu wissen, dass Theoretisieren nicht meine Sache ist.

Ich wollte Kontakte zu Bauern. Doch das schien fast aussichtslos. Bis es wieder eine Frau war, die eine zündende Idee eingebracht hat.

Sie erinnerte sich an ein Tourismusprojekt, bei dem auch Kräuter eine Rolle hätten spielen sollen. Das hatte sich aber im Sand verlaufen. Sie vermittelte mir die Kontakte zu den zwei Albanern, die das Projekt mitentwickelt hatten. Heute ist der eine, Endrit, Partner von SONNENTOR Albanien, und der andere, Ferdin, fungiert als Qualitätsmanager. Wir sind in Albanien als Biobetrieb anerkannt und haben sogar mitgeholfen, eine albanische Biokontrollstelle ins Leben zu rufen. Der Erfolg in Albanien baut sich kontinuierlich auf. 150 Menschen können inzwischen von ihren Umsätzen mit SONNENTOR leben. Langsam entwickelt sich auch die Gesellschaft in dem einst ganz abgeschotteten Land weiter. Es ist nur eine Frage der Zeit, bis sich auch dort eine neue, selbstbewusste und an Qualität interessierte Kundenschicht entwickelt. In der Hauptstadt Tirana gibt es inzwischen drei Läden, die wir mit unseren SONNENTOR Produkten beliefern.

Jetzt muss ich aber auch noch über meine schönste Reise erzählen, jene nach Tansania. Bei der Biofach-Messe in Nürnberg hat uns ein Afrikaner in gutem Englisch angesprochen. Cleopa Ayo hatte mit Erfolg ein schwedisch-holländisches Entwicklungshilfeprojekt umgesetzt und war auf der Suche nach langfristigen Abnehmern von biologischen Gewürzen wie Pfeffer, Lemongras oder Gewürznelken. Cleopa war zuvor im Tourismus von Tansania tätig. Er wollte aber lieber den vielen Kleinbauern helfen, die langfristig und verlässlich ihre Biogewürze verkaufen wollten. Bei mir klingelte es sofort. Genauso hatte es doch auch bei uns begonnen! Ambitionierte Bauern, beste Ware, aber keiner, der weiß, wie man das zu einem guten Preis vermarkten kann. Cleopa war mir sofort sympathisch. Wir wurden Partner. Ihn und seine Arbeit habe ich schließlich bei meiner Reise nach Tansania und Sansibar richtig kennen- und schätzen gelernt. Tansania hat mir sehr entsprochen. Die Menschen sind fröhlich, sie lachen und tanzen gerne, haben einfach eine Gaudi. Das Fest zu unseren Ehren hat dann auch mit Musik und Tanz rund um ein Feuer weit über Mitternacht hinaus gedauert.

Wir machten aber nicht nur Party. Wir besuchten Gewürzbauern, staunten über ihre tolle Arbeit, hörten aber auch ihre Sorgen. Sie wollten auf dem Land bleiben können, das sie von ihren Vorvätern bekommen hatten. Mir kam das irgendwie bekannt vor. In dem Dorf, wo Kardamom angebaut wird, waren wir angeblich die ersten Weißen, die dort gesichtet wurden. »Msungu« haben sie uns genannt. Unsere Freundschaft wächst beständig. Nicht nur, dass wir verlässliche und langfristige Abnehmer der hervorragenden Gewürze geworden sind, haben wir vor Kurzem erst geholfen, eine Trinkwasserquelle im Dorf zu fassen. Bisher war das Trinkwasser für das ganze Dorf aus einem kleinen Bach im Urwald geholt worden. Leben und leben lassen, Wertschätzung für Wertschöpfung – meine Prinzipien funktionieren auch in Afrika.

Jetzt schlage ich noch einen gedanklichen Haken nach Nicaragua, dem üppigen Land in Mittelamerika. Dort setzen wir mithilfe der ADA, der Agentur der Österreichischen Entwicklungszusammenarbeit, ein tolles Biokaffeeprojekt um. Unsere beiden österreichischen Projektpartner, Ulrich und Sabine, kennen das Land wie ihre Westentasche. Sie leben

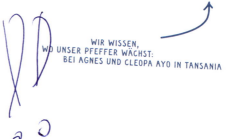

WIR WISSEN, WO UNSER PFEFFER WÄCHST: BEI AGNES UND CLEOPA AYO IN TANSANIA

BAUERN IN TANSANIA BEI DER ERNTE VON ZIMTRINDE UND LEMONGRAS

schließlich 300 Tage im Jahr auch dort. Uli hat uns angesprochen, ob wir an diesem Projekt interessiert wären. Das waren wir, definitiv!

Wir wollen direkt mit den Bauern arbeiten, auf der ganzen Welt. Wir wollen wissen, wie es ihnen geht. Geht es ihnen gut, machen sie auch qualitativ hochwertige Arbeit und erzeugen beste Lebensmittel.

Geht es ihnen schlecht, sinkt die Qualität, und irgendwann ist die Spirale nach unten so weit ausgereizt, dass sie das Land verlassen. Das ist in Nicaragua nicht anders als im Waldviertel. Alles dreht sich um dieselbe Sonne. Wer das erkennt, muss einfach umdenken. Es ist hoch an der Zeit. In Mittelamerika haben mich die riesigen Palmölplantagen in den brandgerodeten Urwäldern besonders schockiert. Alle zehn Sekunden ist uns ein Tankwagen mit Palmöl begegnet! Ich war echt froh, dass wir uns schon 2015 gegen jede Spur von Palmöl in unseren Produkten entschieden haben. Stattdessen bekommen wir jährlich über 100 Tonnen Biorohkaffee aus Nicaragua. Den guten Andenkaffee beziehen wir aus Peru. Dort arbeiten wir mit einer Kooperative, die von einem Pater betreut wird. Wir haben uns gefunden, weil auch er auf der Suche nach einem Partner war, der sich nicht an den Weltmarktpreisen orientiert, sondern an den Bedürfnissen der Menschen.

Auch bei der fairen Bezahlung von Produzentinnen und Produzenten in aller Welt sind wir immer unseren eigenen Weg gegangen. Uns ist es wichtig, die Projekte und Partner ganz individuell zu fördern – was gerade benötigt wird und langfristig nachhaltig ist. Auch hier möchten wir uns nicht auf ein Logo verlassen. Begonnen hat das ja auch schon mit meinen ersten Bäuerinnen und Bauern im Waldviertel, die sich auf Geschäfte mit dem »Spinner von SONNENTOR« eingelassen haben. Die waren schlussendlich auch deswegen von »ihrem« Hannes überzeugt, weil der immer gut und verlässlich bezahlt hat. Das hatte und hat Handschlagqualität und das ist Fairness, wie ich sie verstehe. Genauso halten wir es mit Produzenten, die mittlerweile auf der halben Welt für uns produzieren. Ob es die Kurkuma-Bauern in Indien sind, die Kaffee-Bauern in Nicaragua oder die Paprika-Lieferanten in Ungarn, sie alle wissen, dass sie für beste Qualität den besten Preis bekommen. Das sichert ihre Existenz. Das nenne ich nachhaltig und fair. Und dafür soll die Sonne in unserem Logo scheinen.

Mit meinem optimistischen Blick sehe ich die Welt voller Chancen.

Ich glaube, die Idee von SONNENTOR kann noch enorm wachsen, blühen und gedeihen.

Alle Projekte, von denen ich gerade erzählt habe, und noch unzählige mehr verstärken und ergänzen, was wir anstreben. Als wir die erste Kooperation mit Tschechien begonnen haben, waren einige Waldviertler Bauern voller Sorge: »Jetzt wirst uns nicht mehr lange brauchen, wenn du dort billiger einkaufen kannst.« »Ganz im Gegenteil!«, habe ich erwidert und sie nach Tschechien eingeladen. So haben sich die Vorurteile verflüchtigt, und mittlerweile verstehen sie, dass Kooperation besser ist als Konkurrenz. Und nichts anderes meinen wir, wenn wir von Gemeinwohl sprechen!

Der gute Name von SONNENTOR bringt mir immer wieder Einladungen in andere Länder ein. Man will von mir wissen, wie wir denken, wie wir wirtschaften, was unser Beitrag zu einer besseren Zukunft unseres Blauen Planeten ist. Ich nütze diese Chancen und kann immer wieder interessante Kontakte knüpfen. Aktuell entstehen zarte Bande zu Armenien. In diesem Land fühle mich an unsere Anfänge erinnert. Das sind Gegenden, die genauso abgeschieden von den großen Handelsrouten sind wie das Waldviertel. Aber das bringt auch Vorteile mit sich: Noch sind die Böden gut, die Luft ist rein, es wird wenig Gift ausgebracht und zwischen Erde, Steinen und natürlichen Kräutern wachsen robuste Pflanzen.

Es ist definitiv ein Vorteil, dass wir im Waldviertel nicht so weit vorne sind. So haben wir nicht so weit zurück!

Es kommt nur darauf an, das zu nützen, was da ist – ob in Indien, Tansania oder Armenien.

KENNENLERNEN EINER WEITEREN UNSCHÄTZBAREN HANDARBEIT: TEEPFLÜCKEN IN INDIEN

Einmal um die ganze Welt

AUS DER BAUERNFAMILIE

Europas Südosten blüht

Lavendel
Wenn Entspannung angesagt ist, kommt der violette Lippenblütler gerade recht. Lavendel sorgt für Ausgleich und Genuss – nur Motten mögen ihn gar nicht.

Fast unglaublich, aber wahr: In Albanien werden Kornblumen noch von Hand gepflückt. Anschließend transportieren Esel und Kühe die vollen Kräutersäcke aus den Bergdörfern ab. 20 Bauern haben wegen und für SONNENTOR auf biologische Landwirtschaft umgestellt. Mehr als 100 Menschen pflücken wilde Kräuter für uns. Sie sind unglaublich versiert im Umgang mit ihnen. Wir haben unter schwierigen Bedingungen mit den Albanern eine Biopionierphase eröffnet. Dafür waren die Erfahrungen in Rumänien sehr hilfreich. Dort schaffte SONNENTOR schon 2004 die Zertifizierung als erster Demeter-Betrieb im Land. Mittlerweile werden 160 Hektar in Siebenbürgen ökologisch nachhaltig bewirtschaftet. Auch in Rumänien pflücken Erntehelfer viele wertvolle Bioblüten von Hand. Im Nachbarland Bulgarien betören Lavendelfelder die Sinne. SONNENTOR kauft unter anderem Frauen die Lavendelkissen ab, die sie daraus machen. Aus Bulgarien kommen außerdem zahlreiche biozertifizierte wild gesammelte Blätter und Blüten für unsere Tees. Durch kontinuierliche Beziehungen, aus denen Vertrauen entsteht und durch die Know-how weitergegeben wird, haben sich einzigartige Anbauprojekte entwickelt. Vor allem aber kontrolliert biologische Qualität, die unvergleichlich duftende und schmeckende Kräuter und Blumen hervorbringt.

Einmal um die ganze Welt

AUS DER BAUERNFAMILIE

Tansania – Traumland in Afrika

Zitronengras

Ein süßes Gras zum Frühstück? Zitronengras ist ein toller Energiespender. Als Tee und Gewürz richtet es den Magen wieder ein, stimuliert die Sinne und betört den Gaumen mit einem Hauch von Asien.

Pfeffer, Nelken, Zimt und Zitronengras, feiner Kardamom: Tansania ist ein Paradies für herrlich duftende Gewürze. Cleopa Ayo ist der Mann, der mit Hunderten Bauern zusammenarbeitet, um beste Bioqualität an SONNENTOR weitergeben zu können. Schon mehrmals habe ich unseren Partner besucht. Das Land am Fuße der Usambara Mountains ist atemberaubend schön, die Menschen sind herzlich und freundlich. Dort musste sogar ein Nichttänzer, wie ich es bin, die Hüften schwingen. Wie überall liegt mir daran, dass die Bauern fair bezahlt werden. Mit den kontinuierlichen Einnahmen wird das Leben in den Dörfern langsam besser. Toilettenanlagen für die Schulen, Wasserbrunnen und Ziegel für die Dächer werden leistbar – und das Schulgeld für die Kinder. Viele Bauern sind stolz auf ihre Ware, und das zu Recht. Pfeffer beispielsweise rankt sich meterhoch in den Bäumen und muss fachgerecht behandelt werden, damit er seine Aromen nach der Ernte entfalten kann. Nelken sind Baumfrüchte, die aus 15 Metern Höhe geholt werden. Das Zitronengras muss sofort nach dem Schnitt getrocknet werden. Und Zimtrinde in bester Qualität von den Bäumen zu schälen ist ohnehin ein Kunststück. Unsere Mitunternehmer in Afrika haben meinen größten Respekt.

Wofür die rote Brille gut ist

Vom Zuhören, von guten Ideen
und natürlicher Weiterentwicklung

Wofür die rote Brille gut ist

Ist das nicht der kleine Goscherte mit der alten Lederhose und der roten Brille?« Stimmt, das bin ich. Für manche falle ich als Unternehmer aus dem Rahmen. Mein einziger Anzug verstaubt im Kasten, meine Mitarbeiter duzen mich und trotzdem wächst SONNENTOR stetig, seit dreißig Jahren. Ich bin eben ein bisserl anders. Daran mussten sich im Laufe meiner Geschichte manche erst gewöhnen. Nicht ganz zu meinem Schaden. Wenn man nicht für ganz voll genommen wird, bringt das auch Vorteile. Die Konkurrenz übersieht gelegentlich, dass man zwar Umwege geht, aber trotzdem an ihnen vorbeizieht. Die Großen der Branche können viel, unbestritten. Aber wenn es um Änderungen geht oder darum, schnell auf neue Entwicklungen zu reagieren, sind sie oft zu langsam. Wenn die Großen vorneweg durch die Wellen pflügen, kann man als Kleiner in ihrem Windschatten mit weniger Energie mitsegeln. Die schweren Tanker steuern meist direkt auf ein Ziel zu, aber sie können schwer ihren Kurs ändern, selbst wenn das manchmal sinnvoll wäre. Wenn sie alles perfekt machen, ist womöglich der Perfektionismus ihr Hauptproblem, weil er das Lernen aus Fehlern erschwert. Wendig und unabhängig zu sein schafft nicht selten einen Wettbewerbsvorteil.

In den Anfangsjahren hat SONNENTOR davon enorm profitiert. Mittlerweile sind wir nicht mehr ganz so klein. Nun kommt es darauf an, dass wir uns nicht selbst im Weg stehen und flexibel bleiben. Damit das gelingt, müssen bei uns viele Abteilungen an einem Strang ziehen. Das ist eine ordentliche Herausforderung und manchmal rauchen da schon die Köpfe. Reibungswärme! Ich liebe sie, denn daraus entsteht Energie. Ich bin stolz und auch begeistert von unserem scheinbar unerschöpflichen, kreativen Potenzial. Wir setzen unsere Ideen schnell und unbürokratisch um.

Als kleiner Kräuterhändler habe ich zu Beginn keine aufwendige und teure Marktforschung gebraucht, um zu wissen, was ankommt. Ich habe einfach zugehört, was die Menschen wollen, wie sie reden, worauf sie anspringen. Dann bin ich heimgefahren, habe das den Bauern erzählt, die unsere Kräuter anbauen, und mir eine Geschichte dazu überlegt. So sind die ersten SONNENTOR-Produkte entstanden. An Ideen hat es mir wahrlich nie gemangelt. Es macht unglaubliche Freude, neue Produktlinien zu entwickeln, aus den vielen tollen Rohstoffen fantasievolle Mischungen zu kreieren. Im Lauf der Zeit habe ich viel über die Heilkraft von Kräutern und Gewürzen gelernt. Jedes ist auf seine Weise ein Wunder, unersetzlich und unverwechselbar. Deswegen sind unserer Fantasie keine Grenzen gesetzt, sie immer wieder neu und anders zu kombinieren. Heute mischen andere die SONNENTOR Tees, stimmen die Gewürzkombinationen ab, experimentieren mit Salzen oder Getränken, lassen Aromen wirken und verwerten nur die feinste Ware. Meine Mitarbeiterinnen und Mitarbeiter beherrschen dieses sensible und komplexe Umsetzen von Produktideen hervorragend. Natürlich geben meine Frau und ich noch unseren »Senf« dazu und versorgen die Crew regelmäßig mit »spinnerten« Ideen.

So schön es bei uns im Waldviertel ist, so gerne schauen wir auch über den Tellerrand. Wir erkunden in der großen, weiten Welt, was sich im Lebensmittelbereich entwickelt. Wenn ich mitdarf, nützen wir die Zeit, uns im Team intensiv auszutauschen.

Unabhängig vom Tagesgeschäft und angeregt von der fremden Umgebung sprießen die Ideen ganz besonders gut.

Meist kommen wir mit einem Rucksack voller Inspirationen zurück. Daheim geht's ans Tüfteln und Kreieren. Wenn wir dann noch den richtigen Zeitpunkt erwischen, um unsere Neuigkeiten vorzustellen, haben wir schon gewonnen. So war es zum Beispiel, als wir unsere Idee, ein Kurkuma-Tee-Getränk auf den Markt zu bringen, umgesetzt haben. Kurkuma, die indische Gelbwurz, war schon seit Jahren unser absolutes Bestseller-Gewürz. Weil wir gut zuhören, wussten wir, dass der Ruf nach alternativen, koffeinfreien Heißgetränken immer lauter wurde. Wir mussten nur unseren Wissensfundus anzapfen, um schnell die passende Gewürzmischung zu finden. Die wichtigste Arbeit war getan, nur Etiketten und Verpackung waren noch in Planung.

Wir hatten die Einführung unseres Kurkuma-Tees für das Frühjahr 2017 geplant. Im Frühjahr 2016 war ich mit meinen Mitarbeitern bei einer Messe. Wir sahen an einem Stand die noch leere Verpackung eines ähnlichen Produkts. »Darf ich mir was wünschen?«, habe ich spontan mein Team gefragt. »Können wir die Kurkuma-Tees schon im Herbst 2016 auf den Markt bringen?« Weil sie keiner sportlichen Herausforderung widerstehen können, sagten sie: »Ja, können wir.« Damit lagen wir goldrichtig. Kurkuma, das wunderbare Gewürz aus der ayurvedischen Tradition, liefern unsere Vertragsbauern in Indien, Nicaragua und Tansania in Bioqualität. So liegt die ganze Produktion vom Anbau bis zum fertigen Produkt in unserer Hand. Unser Kurkuma-Tee wird von den Kunden geliebt. Wir freuen uns, dass wir die Idee so rasch umsetzen konnten, jedenfalls früher als unser Mitbewerber, der seine leere Packungen ausstellte. Reisen bildet – und zahlt sich aus!

Eine ähnliche Geschichte kann ich über unseren Verkaufsschlager, den SONNENTOR Adventkalender, erzählen. Es muss im Advent 2001 gewesen sein. Damals hat mir unser Grafiker ein Packerl geschenkt, das mit »Tee-Adventkalender« beschriftet war. Spannend, dachte ich. In der Verpackung war aber kein Tee, sondern 24 wie Teebeutel zugeschnittene Kärtchen mit netten Sprüchen. Sofort hat es bei mir klick gemacht. Ein Geschenk für die Zeit vor Weihnachten, das fand ich an sich schon genial. Wir hatten doch alles, um daraus ein originelles Geschenk zu machen. 24 Adventtage, 24 Tees aus unserem Sortiment – fertig war die Idee. Mittlerweile bereiten wir mit mehr als 500.000 Tee-Adventkalendern pro Jahr vielen Menschen eine besinnliche Vorweihnachtsfreude. Abgesehen von den 20 Arbeitskräften, die dank des ungewöhnlichen Adventkalenders einen sicheren Job gefunden haben. Der SONNENTOR-Gruß zur stillen Zeit kam auch deswegen so gut an, weil man sich damit quer durch unser Teesortiment kosten konnte. Weißer Tee, schwarzer Tee, Rooibos oder Blüten, Kräuter oder alles bunt gemischt: Jedem Teefreund geht das Herz auf. Danke für die Feedbacks, liebe Kunden. Sie haben uns angeregt, unser ganzjährig erhältliches »Tee-Probier-Mal« zu entwickeln. Und, dreimal dürfen Sie raten, wir haben auch schon ein »Gewürz-Probier-Mal« umgesetzt. Ein Hoch auf die Handarbeit!

Ideen sind oft wie Geschenke, die einem zufallen. Manchmal beachtet man sie nicht sofort. Das ist nicht weiter schlimm, denn wenn sie gut sind, kommen sie immer wieder. Ein kleiner Tipp aus eigener Erfahrung:

> **Wenn ich einen Geistesblitz oder eine Assoziation nicht vergessen möchte, schreibe ich mir manchmal selbst eine E-Mail. Spontane Einfälle haben mich schon oft zu einem neuen Produkt geführt.**

Manchmal sehe ich etwas auf dem Markt, von dem ich denke, das könnte ich aber besser. Meine »Wieder gut«-Serie ist zum Beispiel so entstanden. Schon bei meinen mittlerweile erwachsenen Töchtern machte ich beste Erfahrungen, wenn ich kleine Wunden und

Beschwerden aller Art mit Johanniskrautöl behandelt habe. Statt ihnen lange zu erklären, was das ist und wofür es gut ist, habe ich einfach gesagt, das ist das »Wieder-gut-Öl«. Ich hatte immer im Hinterkopf, daraus einmal eine Produktlinie zu machen. Aber wie immer, wenn sich etwas anderes vordrängt, haben wir nie etwas realisiert. Der Anstoß, endlich bei dieser Idee Gas zu geben, kam erst, als Anfang der 2000er-Jahre ein Mitbewerber ein Sortiment mit dem Namen »Hausfreunde« herausgebracht hat. Er hatte im Prinzip eine ähnliche Idee, nur war seine Verpackung – auf ihr prangte ein großes, grünes Kreuz – meiner Meinung nach wenig ansprechend. Ich konnte mir nicht vorstellen, dass die Kunden das mochten. Und wieder hat es Klick gemacht. Ich bin heimgefahren und war mir sicher, dass jetzt die Zeit für meine »Wieder gut!«-Serie reif war. Was lange reift, wird schnell ein Ganzes. Fünf, sechs Mischungen waren schnell entwickelt. Ich wusste dazu schöne Geschichten und schon ist es losgegangen. Bei der nächsten Fachmesse waren wir bereits damit vertreten und inzwischen ist unsere ==»Wieder gut!« Tee- und Gewürzlinie eine der erfolgreichsten in unserem Sortiment.==

Was nützt die beste Idee, wenn sie keinen schönen Namen hat. Da sind wir oft gefordert. Unsere Produkte haben sich originelle, unverwechselbare Bezeichnungen verdient. Auf uns alleine kommt es aber nicht an. Jeder noch so originelle Name muss auch vor dem Gesetz bestehen. Die Health-Claims-Verordnung schreibt vor, dass kein Produkt direkt gesundheitsbezogen angepriesen werden darf. Spätestens jetzt ist allen klar, dass es bei SONNENTOR keinen Hustentee und keinen Bauchwehtee gibt und auch den Tee für die Blase sucht man in den Regalen vergebens. Wir entschädigen unsere Kunden ==mit Tees der Marke »Kutz-Kutz«, »Bauchgefühl« und »Pipifein«.== Jeder kennt sich aus. Wir haben es geschafft, ==unsere originellen Namen zur Marke zu machen.== Obendrein garantieren sie jede Menge Spaß, bis sie sich den Windungen unserer kreativen Hirne entlocken lassen.

Bei neuen Ideen ist meine Frau Edith meine beste Sparringpartnerin. Sie hört sich alles an, ist ganz Ohr und Auge, und sagt dann »gut« oder »nicht gut«. Sie arbeitet jede Woche zumindest einen Tag in unserem SONNENTOR Geschäft in Zwettl und weiß genau, was die Leute mögen, wonach sie fragen, was sie reden.

Der unmittelbare Kundenkontakt ist unersetzlich für das Gefühl, das man braucht, um sich bei neuen Produkten richtig zu entscheiden.

Edith verfügt außerdem über einen unglaublich guten Geschmack und ein ausgeprägtes Empfinden für Schönes. Dafür bewundere ich sie sehr. Wir ergänzen uns aufs Beste. Ich bin der Mutigere und der Visionär. Sie kommt aus einer Familie mit einer sehr praktischen Mutter, die überall anpackt, und einem bedachten Vater, der früher die Gefahren sieht. Wenn Entscheidungen anstehen, sage ich: »Komm, probieren wir es, ich weiß auch nicht, ob es gehen wird, aber Probieren geht über Studieren.« Edith sorgt dann dafür, dass unsere Ideen auf beiden Füßen zu stehen kommen. Sie kennt die richtigen Wege und weiß sie zu ebnen. Das ist ihre Stärke. Wir beide kommen aus verschiedenen Richtungen, aber wir haben dasselbe Ziel. You are my sunshine, liebe Edith!

Der Bauernhof in Sprögnitz war von 1992 bis 2007 nicht nur Firma und Arbeitsplatz, sondern auch mein privates Heim. Oben haben wir gewohnt, unten war das Büro. Ich habe unzählige Stunden in der Firma verbracht. Am Morgen bin ich über die Stiege mit Schwung hinunter in den Betrieb, am Abend meist weniger schwungvoll gleich Richtung Bett nach oben. Wenn jemand unten klopfte, wurde ihm auch am Wochenende das Sonnentor geöffnet. Immer mehr Menschen wollten sehen, was da bei uns los ist. Die ersten kleinen Busgruppen besuchten uns. 1995 habe ich den ersten Ab-Hof-Verkauf eingerichtet.

Ich liebte es, im Hofladen die Produkte persönlich zu verkaufen. Für mich hatte sich ein Kindheitstraum erfüllt. Endlich war ich ein »Budlhupfer« (ein Greißler).

Anfangs machte ich auch alle Führungen durch die ständig wachsende Firma selber. Es ging durch unsere Hallen von »Halleluja« bis »Drunter und Drüber«. Jeder Besucher konnte selbst sehen, wo die Kräuter gelagert, wie sie in Handarbeit verpackt und etikettiert werden. Sie haben die Aromen gerochen und mit unseren Mitarbeitern einen Scherz riskiert. Die lockere, entspannte Stimmung entstand, weil wir nichts zu verstecken hatten. Ganz im Gegenteil: Wir freuten uns unbändig, wenn wir alles zeigen konnten. 2006 ist aus unseren Führungen unser »SONNENTOR Erlebnis« entstanden. Vom Kräuterwanderweg bis zum Gasthaus, vom permakulturellen Biobauernhof bis zum kreativen SONNENSCHEINCHEN-Spielplatz, und noch immer ist kein Ende abzusehen. Es lohnt sich, jedes Jahr wieder nach Sprögnitz zu kommen. Wo hat man es gleichzeitig so ruhig und so unterhaltsam? Was ist schöner, als das, was man liebt, »in echt« zu sehen und zu spüren? Viele Besucher von SONNENTOR sind begeistert und erzählen weiter, was sie erlebt haben. Das weckt die Neugier und wir gewinnen laufend neue Freunde.

In unseren Breiten leben wir im Überfluss. Wir brauchen selten etwas, weil wir Mangel leiden. Wir haben unglaublich viel. Unsere Kästen sind voll, unsere Vorratsschränke auch. Was uns aber fehlt, ist das Emotionale, das gute Gefühl, dass das, was wir haben, auch wirklich in einem umfassenden Sinn gut für uns ist. Wir wollen, dass unser Leben schöner wird. Und das kommt, wenn wir bei dem, was wir konsumieren, auch ein gutes Gefühl und gute Laune haben. Wir versuchen nicht, die Welt von heute auf morgen zu verbessern. Man kann auch etwas verbessern, wenn man Kleinigkeiten eine andere Richtung gibt. Ich bin sehr für das Augenzwinkern, für die heitere Komplizenschaft. Im Grunde wollen wir alle das Gleiche, ein gutes Leben, Spaß dabei, und wenn es leicht geht, eine bessere Welt. Unsere Produkte sind wertvolle Botschafter dieser Visionen. Das schönste Kompliment ist für mich, wenn KundInnen und Fans SONNENTOR mit einem guten Gefühl begeistert weiterempfehlen.

Wofür die rote Brille gut ist

UNSER BELIEBTESTER BESTSELLER IN
DER WEIHNACHTSSZEIT.
DIESES PRODUKT HAT ALLEINE FÜR
20 WEITERE ARBEITSPLÄTZE GESORGT.

WÜRZEN OHNE SALZ

GEWÜRZE STÜRMEN DEN TEEMARKT.

UNSERE TRADITIONELLEN KRÄUTERSCHÄTZE

AUCH GUT ZU WISSEN

Fahrradsuche in Florenz

Ich bin im Juli 2000 auf eine Sprachreise nach Florenz gefahren, ich wollte Italienisch lernen. Ich liebe Italien und Spaghetti und überhaupt brauchte ich eine Auszeit nach meiner Scheidung. Also buchte ich ein Privatquartier in Florenz und einen Sprachkurs an der Uni. Um flexibel mobil zu sein packte ich außerdem mein altes Fahrrad ein. Mein italienischer Vermieter zeigte mir am ersten Tag die nähere Umgebung der Wohnung und gab mir eine Einführung zu den Dos and Don'ts in Florenz. Dabei zeigte er mir eine beschmierte Hausmauer und erzählte mir von der seinerzeitigen Fluchtwelle, die viele Albaner nach Italien übers Meer führte. Der Kurs war super und mein Italienisch entwickelte sich prächtig. Bis drei Tage vor der Heimreise mein Fahrrad gestohlen wurde. Fassungslos darüber, dass mein »alter Gaul« neben den anderen 60.000 Fahrrädern in Florenz tatsächlich ein Objekt der Begierde geworden war, grübelte ich darüber nach, was am besten zu tun wäre. Mein Hirn sagte, vergiss dein Rad, mein Bauch sagte, probier doch einfach, es wiederzufinden. Also bin ich die letzten zwei Tage meines Aufenthalts auf die Suche gegangen. Ich habe unzählige Nebengassen durchkämmt, bin in Hauseinfahrten, die offen waren und wo Räder abgestellt waren, gegangen und habe gesucht und gesucht. Meine Hoffnung schwand, bis mir kurz vor meiner Heimfahrt eine beschmierte Hausmauer bekannt vorkam. Dahinter war ein Innenhof, das Tor stand offen, ich ging hinein. Das Rad meines Vermieters an der Hand, am Ende des Hofs eine Hauseinfahrt, die Haustür stand offen, in der Hauseinfahrt standen drei Fahrräder, und ich traute meinen Augen nicht, eines sah aus wie mein Fahrrad. Im Haus kochte jemand, der Mann war groß und am Herd beschäftigt. Ich überlegte, ob ich mir das Rad näher ansehen sollte. Mein Rad hatte ein Erkennungszeichen, am Kotschützer fehlte eine Schraube. »Ja«, sagte mein Bauch; also gut,

tief einatmen und los gings. Und tatsächlich, an diesem Rad fehlte diese Schraube, es war die gleiche Marke, es musste also mein Fahrrad sein. Mir war klar, ich musste mein Rad zurückstehlen und ich musste damit rechnen, dass ich von dem großen Mann erwischt werde. Jetzt musste alles schnell gehen, ich schnappte mein Rad am Lenker, lief aus dem Haus und rannte so schnell wie möglich auf die belebte Straße. Eine Frau beugte sich aus dem Fenster, ballte die Faust und schrie etwas in meine Richtung. Ich fühlte, dass mich jemand verfolgte, drehte mich um und begann auf Italienisch zu schreien: »Du Dieb, du hast mir mein Fahrrad gestohlen, lass mich in Ruhe!« Der Mann war sichtlich überrascht und blieb tatsächlich stehen. Ich konnte es einfach nicht fassen. Ziemlich aufgewühlt, aber glücklich machte ich mich auf den Heimweg. Ich hatte etwas geschafft, was auf den ersten Blick unmöglich schien. Mein Bauchgefühl hatte mich nicht im Stich gelassen und dass der Glaube Berge versetzt, hatte ich wieder einmal selbst erlebt!

Wofür die rote Brille gut ist

AUS DER BAUERNFAMILIE

Familie Schmidt

Fenchel
Fenchel rückt als Tee getrunken Bauchweh und Blähungen zu Leibe, macht deftige Speisen bekömmlich und regt den Appetit an.

Wenn man die Hände von Andreas Schmidt sieht, weiß man, dass er zupackt, wo Arbeit anfällt. Davon gibt es am Bauernhof hoch über den Dächern von Neudorf genug. Die Schmidts bauen für SONNENTOR vor allem Druschgewürze an. So dreht sich alles um Anis, Fenchel, Kümmel, Koriander und mehr. Ihre qualitätsvolle Arbeit hat den Schmidts 2008 die »Goldene Sichel« eingebracht, gleichsam den SONNENTOR-Oscar für die Biobauern.

Die Zusammenarbeit zwischen SONNENTOR und Familie Schmidt begann 1989 eher zufällig. Familie Schmidt hat echten Pioniergeist, auch im Anbau von Anis. Durch Zufall erfuhr ich im Sommer 1989, dass es im Weinviertel Bioanis aus Österreich geben soll. Ich fragte in einem Wirtshaus in Laa an der Thaya, ob jemand diesen Biobauern kenne, und wurde schnell fündig. Der Abnehmer, für den der Anis bestimmt war, wollte diesen ohnehin nicht mehr, und ich kam gerade recht, ihn vor dem Misthaufen zu retten. Heute lachen wir über diesen »Zufall«.

Wenn man die Schmidts besucht, darf man sich Marias Blumen- und Kräutergarten nicht entgehen lassen. Er ist eine Pracht und eine Freude, übrigens ganz so wie ihr unwiderstehliches Lächeln. Ursprünglich war Maria Lehrerin. Aber als sie Andreas kennenlernte, änderte sie ihre Pläne und umsorgt seither mit ebensolcher Leidenschaft ihre vielen Blumen- und Kräuterkinder. Was mit Liebe gemacht wird, wächst besonders üppig. Kein Wunder also, dass Marias Kräuterlinge besonders ertragreich sind und die beiden mit fünf Kindern ihre Familie bereichert haben.

Kapitel 9

Der nächste Schritt ist der beste

Wie Wachstum geht, was Nachhaltigkeit ist und wozu das Gemeinwohl dient

In den Anfangsjahren von SONNENTOR ging es darum, die wunderbare Bioqualität zu jenen zu bringen, die ganz intuitiv einen Sinn für nachhaltige Kreislaufwirtschaft hatten. Im Lauf der Jahre haben alle, die sich mit Wirtschaft befassen, dazugelernt und ihr Instrumentarium verfeinert. Ich wage zu behaupten, dass wir bei SONNENTOR immer Pioniere waren. Ab 2008 haben wir jährlich einen Nachhaltigkeitsbericht erstellt. Damals war ich Teil einer Gruppe junger Familienunternehmer in Niederösterreich. Wir haben uns regelmäßig getroffen, um unsere Erfahrungen auszutauschen. Jeder konnte etwas besonders gut und wir wollten von den Besten lernen. Wir hatten den Ehrgeiz, uns mehr Gedanken zu machen als andere, wie man sinnvoll wirtschaften konnte. Eine der großen Fragen war, was Nachhaltigkeit für uns bedeutet. Das haben wir schließlich in Nachhaltigkeitsberichten verschriftlicht. Wenn Sie mich fragen, was nachhaltig wirtschaften für mich heißt, lautet die knappe Antwort:

»Leben und leben lassen.« Ich möchte mit meinem Handeln auch Verantwortung für das Ganze übernehmen und für eine lebenswerte Zukunft sorgen.

Ich bin kein großer Freund der Theorie, ein Handschlag hat für mich große Qualität. Die schriftlichen Berichte haben aber nicht nur für unsere Kunden Vorteile, weil sie transparent und nachvollziehbar machen, was wir tun. Sie wirken auch nach innen. Wir befragen beispielsweise immer unsere Mitarbeiterinnen und Mitarbeiter. So lernen wir viel über Arbeitsabläufe, fahren, wie zufrieden unsere Kolleginnen ollegen sind, wir lernen ihre Ideen kennen und bekommen so die Chance, uns weiterzuentwickeln. Das größte Kapital in Sachen Nachhaltigkeit sind unsere Mitarbeiter. Sie entwickeln über die Jahre viele Ideen, vertiefen ihr Knowhow, identifizieren sich mit ihrer Tätigkeit, dem Unternehmen und seinen Werten. Das ist wunderbar, schweißt uns zusammen und entwickelt nachhaltige Qualität. Dafür brauchen wir kein eigenes Pickerl, kein Zertifikat, das teuer erkauft werden muss. Wir sind unsere eigene Marke in Sachen Nachhaltigkeit. Was meine ich damit?

SONNENTOR ist seit Anbeginn ein Familienbetrieb. So soll es bleiben. Wir treffen alle Entscheidungen selbstbestimmt, im Sinne von SONNENTOR und unserer positiven Weiterentwicklung. Aus uns wird auch nie eine Genossenschaft werden. Das war fallweise eine gute Idee, die durch die Jahrhunderte gut funktioniert hat und von einigen Pionieren einer alternativen Ökonomie wiederbelebt wird. Aber wir bleiben trotzdem unserer Gründungsidee treu. Wir wachsen aus eigener Kraft, gesund und beständig. Wir wollen kein fremdes Geld im Unternehmen, vor allem wollen wir nicht der Gier Tür und Tor öffnen. In einem Familienbetrieb geht es um das Zusammenhelfen und um eine gute Stimmung. Wir wissen: Wenn wir teilen, wird für alle alles mehr. Da ist einfach kein Platz für Gier. Es gibt bei uns keine Verkaufsprovisionen, keine Bonifikationen oder Gewinnausschüttungen, auch nicht für mich. Was wir als Gewinn erwirtschaften, wird wieder im Unternehmen investiert. So wachsen wir gesund, wir schaffen neue Arbeitsplätze und starten neue Projekte, beispielsweise eine betriebliche Kinderbetreuung, einen Biobauernhof mit Permakultur-Bewirtschaftung, ein neues touristisches Ausflugsziel inklusive Übernachtung und vieles mehr. Unsere Eigenkapitalquote liegt trotz großer Investitionen konstant über 50 Prozent. Das ist für uns ein großer Erfolg, von dem alle an der Wertschöpfungskette Beteiligten profitieren: die Bauern, Mitarbeiter, Vertriebspartner und die gesamte Region.

Unser Erfolg zieht Investoren an. Fast jeden Monat bekommen wir Angebote von solchen, die sich an SONNENTOR beteiligen möchten. Wir lehnen dankend ab. Selbstverwirklichung bedeutet für uns, die Freiheit, Entscheidungen selbst zu treffen. Das gelingt nur, wenn man sich nicht in die »Geiselhaft« von Aktionären begibt. Das ist unserer Meinung nach absolut nachahmenswert und nachhaltig gemeinwohlig.

Eine solche wichtige, selbstständig getroffene Entscheidung war für uns, dass wir unsere Produkte in Deutschland, Österreich und der Schweiz nicht in konventionellen Supermärkten anbieten. Früher wollte man uns dort nicht, heute brauchen wir diese Strukturen nicht. Das macht frei! Wir setzen bei der Auswahl unserer Handelspartner auf langfristige Beziehungen und eine wertschätzende Preispolitik. Das schränkt die Zielgruppe etwas ein, aber wir widersetzen uns auch dem ständigen Preisdruck und unseriösen Knebelverträgen, die am Ende unsere Bauern ausbaden müssten. Es lebe die Unabhängigkeit! Wir pflegen die Beziehungen zu unseren Lieferanten auf Augenhöhe und zahlen angemessene Preise, die den Familien ein Auskommen und eine langfristige Lebensgrundlage sichern. So verstehen wir Nachhaltigkeit auf Handschlagbasis.

Ein anderes Beispiel für unser Selbstverständnis spiegelt sich im aktuellen Thema Gemeinwohl. Es kommen die richtigen »Leit« zur richtigen Zeit. So war es auch, als ich Christian Felber zum ersten Mal begegnet bin. Der umtriebige »Motor« der Gemeinwohl-Bewegung hat formuliert, was wir bei SONNENTOR von Anbeginn gelebt haben, ohne es so zu nennen. Wenn man kurz sagen müsste, was das ist: Was der Natur und den Menschen nützt, das nützt auch mir. Christian Felber sagt das natürlich anders und viel gescheiter als ich. Dafür wird er angegriffen und als Neokommunist abgestempelt. Blödsinn. Wir wissen alle, dass wir nur diese eine, wunderbare Erde haben und damit behutsam umgehen müssen. Ich bin überzeugt, dass wir Platz für zwölf bis fünfzehn Milliarden Menschen darauf haben.

Sogar die UNO sagt, dass wir weder giftige Spritzmittel noch eine den Boden ausbeutende Landwirtschaft brauchen, um alle zu ernähren.

Wer anderes behauptet, ist ein echter Feind der Menschheit und der großen Zusammenhänge, um die es geht. Ich bin überzeugt, dass kleine Einheiten, wie wir sie im Waldviertel noch haben, immer und überall möglich sind und dass sie für gesundes Wachstum stehen. Wenn es genügend Menschen gibt, die auf diese intakten, regionalen und nachhaltigen Wirtschaftskreisläufe setzen, sterben die anderen, kranken Riesensysteme irgendwann an Auszehrung. Das ist meine Hoffnung. Ich habe nicht die geringste Lust, auf den Mars auszuwandern. Im Gegenteil: Ich möchte, dass meine Kinder wie wir im schönen Waldviertel leben und sich in einer intakten Umwelt entfalten können. Dafür will ich etwas tun, auf meine Art. Christian Felber und seine Gemeinwohl-Ökonomie werden von ihren Gegnern in ein wirtschaftsfeindliches Eck gestellt. Wer stört, wird nicht unbedingt geliebt. Im Ausland wird Felber geliebt, in Spanien zum Beispiel, aber auch in Deutschland. Er hat es nicht nötig, von mir verteidigt zu werden, aber ich bin mit ihm einer Meinung, dass unsere bisherige Art zu wirtschaften die Welt in den Ruin treiben wird. Wer sich für Schäden, die er verursacht, nicht zuständig fühlt, ist in meinen Augen nicht anständig.

Gemeinwohl, wie wir es verstehen, steht auf fünf Säulen: Menschenwürde, Solidarität, ökologische Nachhaltigkeit, soziale Gerechtigkeit, Mitbestimmung und Transparenz. Wir in Niederösterreich dürfen täglich in den Betrieben rund 1200 Gesetze und Vorschriften einhalten. Wer das alles einhält, bekommt nach der Gemeinwohlbilanz keinen einzigen Punkt auf dem Weg in den Gemeinwohlhimmel. Wer also mehr macht, als die Gesetze es verlangen, belohnt sich selbst mit einem guten Gewissen. Denn Belohnung für dieses Tun wird es noch lange nicht geben. Felber fordert hier zum Beispiel Steuererleichterungen oder einen Zinsvorteil bei Krediten. Das sind fromme Wünsche an die Politik, bei uns wird es aber noch lange heißen: »Ehrlich zahlt am längsten!« Denn wer keine Kapitaltransaktionssteuer umsetzen kann, erkennt auch nicht die Sinnhaftigkeit des Gemeinwohls. Wir bleiben lieber bei der gemeinwohlen Realwirtschaft, die weniger als zehn Prozent der gesamten Weltwirtschaft ausmacht. Alles andere kann morgen schon wieder Schall und Rauch sein, denn die nächste Finanzkrise kommt bestimmt.

Gemeinwohlunternehmungen, für die es nicht egal ist, wie ein Unternehmen zu seinen Gewinnen kommt, und für welche Werte es steht, werden immer mehr. Wir von SONNENTOR können unseren Kundinnen und Kunden erhobenen Hauptes Auskunft geben, was unser Beitrag für eine bessere Welt ist. Wir machen seit 2010 keinen Nachhaltigkeitsbericht mehr, seit als bester Nachhaltigkeitsbericht Österreichs jener der OMV ausgezeichnet wurde. Was ist am Erdölverbrennen nachhaltig? Seitdem veröffentlichen wir alle zwei Jahre unseren Gemeinwohlbericht. Wir stellen uns dem Audit, welche Auswirkungen das, was wir tun, auf Ökonomie, Ökologie, Demokratie, Transparenz und Soziales hat. Dieser Gemeinwohlbericht ist finanziell und personell aufwendig, aber er stärkt uns enorm. Für unser Team wird verständlich, warum wir gesund wachsen. Mir ist wichtig, dass man sich bei Ideen wie der Gemeinwohl-Ökonomie nicht in Kinkerlitzchen verheddert, sonst geht die Freude an der Sache verloren. Da spricht wieder der Praktiker in mir, der Vorbehalte hat, wenn die Theoretiker sich zu wichtig nehmen.

Meine Philosophie von Nachhaltigkeit ist, dass wir dauerhaft Arbeitsplätze im Waldviertel schaffen. Wir produzieren nach wie vor sehr arbeitsintensiv und setzen vorrangig auf den Menschen, die wir mit notwendigen Maschinen ergänzen.

Bei vielen anderen Anbietern im Biobereich hat der Austausch von Menschen gegen noch mehr Maschinen bereits eingesetzt. Unser größter Mitbewerber in Deutschland macht ein Drittel mehr Umsatz, aber mit einem Drittel weniger Mitarbeiter als wir. Wollen wir das auch? So lange es steuerlich eher bestraft als belohnt wird, neue Arbeitsplätze zu schaffen, ist das Gemeinwohl noch lange nicht in unserer Gesellschaft verankert.

Wir von SONNENTOR wollen weder Atomstrom verwenden noch die Felder mit Pestiziden ruinieren und schon gar nicht Menschen durch Maschinen ersetzen. Wir haben Gott sei Dank Kunden, die das so sehen wie wir.

Wären wir darauf angewiesen, alles zum günstigsten Preis auf den Markt zu werfen, wäre unsere Philosophie zum Scheitern verurteilt. Unsere Kunden verstehen unser Konzept von Nachhaltigkeit ganz konkret jedes Mal, wenn sie vor dem Verkaufsregal stehen und unseren Produkten den Vorzug geben.

Uns macht es riesige Freude, auch in Sachen Nachhaltigkeit eigene Wege zu gehen, zu tüfteln, zu probieren, ein, zwei Mal mehr um die Ecke zu denken als alle anderen. Wieder ein Beispiel: Wenn Sie bei uns in Sprögnitz einen Rundgang machen, kommen Sie am »Frei-Hof« vorbei. Zu diesem Bauernhof, auf dem wir mit Lust mit der nachhaltigen Methode der Bewirtschaftung durch Permakultur experimentieren, gehören sechs Hektar angrenzende Fläche.

Sie sind unsere Möglichkeit, etwas ganz Tolles zu entwickeln. Wir schaffen auf diesem Grund und Boden ein Paradies für Würmer, Bakterien, Insekten, Tiere aller Art. Diese helfen uns, wunderbaren Humus aufzubauen. Den brauchen wir, um auf guten Böden unsere Kräuter anzubauen. Willkommen in der Kreislaufwirtschaft! So wächst die Welt und so wächst die Freude. Dieser Humusaufbau hat noch einen zusätzlichen Nutzen: Er macht uns ökologisch verträglicher. Aber jedes Mal, wenn wir den Zündschlüssel von einem unserer mehr als 30 Fahrzeuge umdrehen, gehören wir zu den Umweltsündern, die den CO_2-Ausstoß auf unserem schönen Planeten vergrößern. Da wir einen Großteil unserer Kundinnen und Kunden nicht in Österreich haben, sind wir ökologisch gesehen auch durch die Luftfracht auf der problematischen Seite. Was machen wir? Vermeiden lässt sich das Problem kaum, aber wir können es kompensieren, indem wir kompostieren. Bisher haben wir brav Kompensationszahlungen abgeliefert, ohne beeinflussen zu können, wofür die genau eingesetzt werden. Ein Partner hat uns darauf aufmerksam gemacht, dass wir CO_2 messbar durch Humusaufbau kompensieren können. Jetzt nehmen wir das selbst in die Hand und sorgen auf den Äckern des »Frei-Hofs« selbst für eine bessere Zukunft. So werden wir CO_2-neutral. Eine Tonne Humus bindet 2,13 Tonnen CO_2. Der Humusaufbau ist voll im Gange. Sie können sich jederzeit selbst davon überzeugen.

Apropos, ich finde, dass das Bewusstsein dafür, dass wir alle etwas für die Zukunft unseres Blauen Planeten tun können, nicht früh genug geweckt werden kann. Im »SONNENSCHEINCHEN«, unserem SONNENTOR-Kindergarten, wird selbstverständlich und ohne große Ideologie vermittelt, was Verantwortung heißt: Müll zu trennen und zu vermeiden, Umweltbewusstsein vorzuleben, so wenig Plastik wie möglich zu verwenden und so fort. Mir geht das Herz auf, wenn mir meine Buben begeistert erzählen, was sie am »Frei-Hof« gesehen und gelernt haben, wie sie Samen in die Erde gelegt, sie immer wieder gegossen und gehegt haben und sie eines Tages Pflanzen in den Töpfchen hatten. Da braucht es keine theoretischen Erklärungen mehr. Sie werden ihr Leben lang nicht vergessen, wie etwas wächst.

Kinder lernen so wunderbar spielerisch. Während wir meinen, sie zu erziehen, schauen sie sich sowieso einfach alles von uns ab.

Wenn wir Großen einfach etwas wegschmeißen, dann machen das auch die Kleinen. Disziplin und Demut sind erlernbar, je früher wir es unseren Kindern vorleben, desto besser ist unser aller Zukunft.

Wenn man nachhaltig wirtschaften will, muss man gelegentlich auch ziemlich knifflige Probleme lösen. Dazu gehört das Thema Plastik. 2007 war ich das erste Mal in Albanien und schockiert über den vielen Plastikmüll in jedem Straßengraben. Es gab noch keine organisierte Müllabfuhr, das erledigte der nächste Regen – ab ins Meer damit. Die Strände schauten auch entsprechend aus, überall wurden Müll und Plastik angeschwemmt. Da durchfuhr es mich wie ein Blitz: Wir packten auch alles in Polyethylen und Polypropylen, die meistverwendeten Verpackungen auf Erdölbasis. So wollte ich nicht weitermachen. Also hieß es wieder einmal, die Augen offenzuhalten und sich nach Alternativen umzuschauen. Nach ersten Recherchen gab es aber gar keine alternativen Folien auf dem Markt. »Kein Bedarf«, hieß es vonseiten der Produzenten. Es dauerte Gott sei Dank nicht lange, bis mich auf der Biofach-Messe ein Folienhersteller aus England ansprach, ob ich Interesse an einer Folie aus Cellulose hätte. Und ob ich interessiert war – unverzüglich haben wir die Folie bestellt. Die ersten Verpackungsversuche auf unseren Verpackungsanlagen waren aber zwar ziemlich ernüchternd. Die Folie war zu spröde, wir konnten ätherische Öle nicht aromaecht versiegeln, bei Ingwer und Kurkuma versagte sie gänzlich und bei Frost wurde sie sofort brüchig. Es gab viele Reklamationen und verärgerte Kunden. Wir gaben nicht auf, haben unsere Bedürfnisse dem Produzenten rückgemeldet und hofften, bald eine markttaugliche Alternative zu entwickeln. Von 2008 bis 2010 gab es viele »Watschen«; wir lernten, dass solche Entwicklungen Schritt für Schritt passieren und man sich nicht gleich aus dem Konzept bringen lassen darf. Leider waren die Kritiker besonders schnell da und versuchten solche Entwicklungen mit Tests und Bewertungen im Keim zu ersticken. Unsere Folie war zwar innerhalb von zwölf Wochen verrottet und vom Regenwurm gefressen, aber es wurden Chlormoleküle in der Verpackung nachgewiesen, und das reichte, um uns öffentlich an den Pranger zu stellen.

Augen zu und durch! Jetzt keinen Rückzieher! Ich beschwor meine MitunternehmerInnen, an diese plastikfreie Vision zu glauben. Filme wie »Plastic Planet« oder die Nachrichten über Plastikteppiche im Meer, so groß wie Australien, bestärkten uns. Heute vermeiden wir zig Tonnen Plastik pro Jahr und sind inzwischen bei 96 Prozent abbaubaren und wiederverwertbaren Verpackungen angekommen. Den Rest schaffen wir auch noch. Es geht, auch wenn es wehtut. Durch unsere Unabhängigkeit können wir Entscheidungen treffen, die auf den ersten Blick zwar mehr kosten, aber für nachhaltiges Wirtschaften wichtig sind.

Ähnlich ist es uns mit dem Thema Palmöl gegangen. Unser Partner in Neuseeland hat uns schon sehr früh auf die unglaubliche Umweltzerstörung, die mit dem Anbau dieser Bäume und Früchte einhergeht, aufmerksam gemacht. Dieses System wollten wir nicht mehr unterstützen. Ein Drittel der weltweit verbrauchten pflanzlichen Öle stammt aus der Palmfrucht. Rund eine Million Tonnen Palmöl wird allein pro Jahr in Deutschland verbraucht, Tendenz steigend.

Für die weltweite Nachfrage müssen die Flächen für die Palmölproduktion ständig und in großem Ausmaß erweitert werden. Palmöl steht wie kaum ein anderes Produkt als Synonym für Landraub, Naturzerstörung und Monokultur. Fast jeder hat Bilder vor Augen, wie sich Bulldozer und Feuer durch Regenwälder fressen, Verwüstung hinterlassen und den Lebensraum von Tier und Mensch zerstören.

Deshalb sehen wir bei SONNENTOR die Herstellung und Verwendung von Palmöl sehr kritisch und setzen seit 2015 auf 100 Prozent palmölfreie Produktion. Auch hier war die Suche nach einer Alternative herausfordernd. Unser Keksproduzent Andreas schaute uns anfangs groß an und fürchtete, seine Margarine selbst herstellen zu müssen. Sein Hersteller von Biomargarine war überzeugt, dass es Margarine ohne Palmöl nicht geben könne. Wir sind hartnäckig geblieben, und siehe da, es ging doch. Das neue Margarinerezept ohne Palmöl wird inzwischen vielfach verwendet.

Damit ist wieder der Beweis erbracht: »Geht net, gibt's net!«

Lassen Sie mich noch ein paar Worte zum Thema Boden sagen. Wir wachsen, auch mit Verwaltungsgebäuden und Produktionshallen. Ich wäre ein Bodenbetonierer, nicht besser als jene, die täglich in Österreich 20 Hektar fruchtbaren landwirtschaftlichen Boden versiegeln, haben mir Kritiker vorgehalten. Danke, bitte genauer hinschauen und informieren! Wir sind auch da nie mit dem Erreichten zufrieden. Wir investieren viel Ressourcen und Hirnschmalz, um die ökologischen Komponenten bei unseren Zubauten zu verbessern. Wir machen lieber unsere Hallendächer flach und grün. Unsere Wiesen wachsen so in zehn oder zwölf Metern Höhe und sind ein Paradies für Bienen. Auf den Dächern positionieren wir außerdem Solarpaneele, um den Sonnenschein in die Batterien unserer Autos zu leiten und künftig auch für die Haustechnik zu verwenden. Wir fahren mit sechs Elektroautos und haben acht Elektrotankstellen auch für MitarbeiterInnen eingerichtet. Sie tanken bei uns kostenlos, denn die Sonne hat bis heute keine Rechnung geschickt. Die Sonne schickt binnen 30 Minuten jeden Tag so viel Energie auf die Erde, dass der Strombedarf der ganzen Welt damit gedeckt wäre. Das sind Aussichten und Visionen! Unser nächstes Büro und unser nächster Lagerbau werden komplett aus Holz sein, auch mehrstöckig. Bis jetzt durfte bei uns mit Holz nicht so hoch gebaut werden, da hatte die Bauordnung etwas dagegen. Aber sie bewegt sich doch, die Mühle der Politik!

Ich will gut leben, aber nicht, indem ich Dinge anhäufe, die ich nicht brauche, sondern indem ich mein Glück und meine Lebensfreude maximiere. Ich bin auch kein Vereinsmeier. Eher ein Freigeist. Als Unternehmer habe ich die wunderbare Möglichkeit, das, was mir vorschwebt, mit meinen Mitunternehmerinnen und Mitunternehmern selbst umzusetzen. Und ich brauche keine langen komplizierten Begründungen, ich möchte das Wichtige in einem Satz sagen können. Deswegen ist für mich der Satz, der Nachhaltigkeit und Gemeinwohl am einfachsten ausdrückt: »Leben und leben lassen.« So haben es schon die alten Bauern bei uns gesagt. Warum sollte man sie korrigieren? Es gibt Sätze, die man nicht mehr verbessern kann.

UNSERE VERPACKUNGSFOLIE AUS HOLZ IST NACH ACHT WOCHEN WIEDER ZU ERDE GEWORDEN. PHILIPP UND GÜNTER MACHEN DEN KOMPOSTIERVERSUCH.

Der nächste Schritt ist der beste

CHRISTIAN FELBER BEI EINER GEMEINWOHLDISKUSSION IN SPRÖGNITZ – ES GEHT AUCH ANDERS!

UNSER SONNENSCHEINCHEN:
EIN KINDERGARTEN MIT VIEL LIEBE ZUM DETAIL

DIE WALDVIERTLER SONNE BEWEGT AUCH UNSERE ELEKTROAUTOS.

Der nächste Schritt ist der beste

HAND IN DER ERDE, MENSCHEN IN FREIHEIT UND FREUDE AM TUN: ANDREAS UND SIGRID, UNSERE PÄCHTER VOM FREI-HOF

Der nächste Schritt ist der beste

Gemein-wohl-bericht 2017

AUCH GUT ZU WISSEN

Gemeinwohl, wie wir es verstehen

671 von 1000 Punkten, die der Auditor mit einer Gemeinwohlbilanz vergeben kann, haben wir schon erreicht. Darauf sind wir stolz. Seit 2011 sind wir Teil der Gemeinwohl-Ökonomie. Wir wirtschaften wie Opa und werden dafür als Pioniere gesehen, so einfach lässt sich das zusammenfassen. Gemeinwohl ist das Gegenteil von Gewinnmaximierung und Konkurrenzdenken. Nachhaltig und gesund wächst nur, was auch den Kriterien von Menschenwürde, Solidarität, ökologischer Nachhaltigkeit, sozialer Gerechtigkeit, Mitbestimmung und Transparenz standhält. Das klingt etwas theoretisch, ist aber sehr praktisch. In vielen kleinen Details setzen wir um, was wir damit meinen. Von der echten Handarbeit über Preis- und Abnahmegarantien für unsere Lieferanten, von Ökostrom bis Fair Finance bei der Abfertigungsvorsorge, vom jährlichen MitarbeiterInnenfördergespräch bis zur Einbindung von Langzeitarbeitslosen, die Liste der Maßnahmen ist lang. Gemeinwohl bedeutet für uns ein ständiges Suchen nach noch effizienteren Möglichkeiten, in allen Bereichen des Unternehmens. Das macht uns und unsere Kunden zufrieden. Gemessen an allen 2017 verkauften Produkten gab es nur 0,0108 Prozent Reklamationen. Ein paar Fehler müssen einfach sein, um noch besser werden zu können. Zum Beispiel wollen wir noch mehr Homeoffice-Lösungen für unsere Mitarbeiter entwickeln, wir wollen die Kommissionierung optimieren und mit noch weniger Verpackung auskommen. Wenn es knarzt im Gebälk, soll die Konfliktkultur noch ausgebaut und mit externer psychologischer Beratung verstärkt werden. Und ja, wir wollen jedes Jahr wieder 30 neue Arbeitsplätze in der Region schaffen. Deswegen gibt es uns ja. Unter anderem.

Der nächste Schritt ist der beste

AUS DER BAUERNFAMILIE

Familie Steiner

Kamille

Kamille macht fast alle Wehwehchen wieder gut, ob Magen, Darm, Blase, Rachen oder Haut. Als Tee mit Honig und Zitrone ein Klassiker.

Wäre »Don Kamille« ein guter Spitzname für ihn? Gottfried schmunzelt: »Vielleicht.« Wir sagen: »Ja!« Gottfried Steiner ist einer der wenigen, die Biokamille in Österreich anbauen. Er bringt dabei beste Qualität hervor und ist sehr innovativ. Beispielsweise mit seiner energieautarken Insellösung inmitten seiner Felder. Auf dem Dach seines dort gebauten Schuppens gewinnt er Wärme zur Trocknung seiner Kräuter und Gewürze. Eigentlich gehörte ihm für diese nachhaltigen und innovativen Ideen ein Titel verliehen, aber den hat er sich, wie könnte es anders sein, schon auf der Universität für Bodenkultur in Wien im Studienzweig Pflanzenproduktion erarbeitet.

Gottfried tüftelt mit Wissen und Tatendrang ständig an noch besseren Abläufen. Bei seinen Versuchen nimmt er sich vor allem die Natur selbst als Vorbild. Das Ergebnis sind Kamille, Thymian, Kümmel, Fenchel, Bockshornklee, Flohsamen und mehr in bester Bioqualität. Das zaubert ihm dann dieses selbstbewusste und sympathische Lächeln eines »Don Kamille« auf die Lippen.

Schau ma, mach ma, tua ma

Spinnerte Ideen in Sprögnitz erleben und für Mut und Bauchgefühl eine Lanze brechen

Wer nicht ein wenig spinnt, kann auch nichts gewinnen. Deswegen lasse ich mir das Spinnen auch nicht ausreden und entwickle munter weiter, was mir Freude macht. Die Ideen fliegen uns zu, weil sie sich aus dem ergeben, was wir schon machen, und weil alles mit allem zusammenhängt. Ein Beispiel: Wer hätte gedacht, dass unser SONNENTOR einmal ein Topausflugsziel wird? Niemand. Inzwischen kommen pro Jahr ungefähr 50.000 Gäste zu uns nach Sprögnitz. Das sind die neugierigen Menschen, die uns persönlich kennenlernen wollen und die ein Blick hinter die Kulissen interessiert. Viele davon sind über einen unserer SONNENTOR Shops Teil der SONNENTOR-Familie geworden.

Recht haben Sie, wenn Sie sich einmal persönlich davon überzeugen wollen, ob das auch alles stimmt, was Sie so von uns gehört haben und erzählt bekommen.

Die Besucher im Dorf haben sicher auch einen Teil dazu beigetragen, dass viele in Sprögnitz die Gärten um Kräuter ergänzen. Jeder ist stolz, was aus dem kleinen Waldviertler Dorf geworden ist, wir sind zum Kräuterdorf des Waldviertels geworden! Danke auch an dieser Stelle für die Idee der niederösterreichischen Dorferneuerung, ohne die gäbe es unser Gemeinschaftshaus nicht, denn die Milchhäuser und gemeinschaftlichen Tiefkühlhäuser, wo sich täglich die Leute zweimal getroffen und miteinander geredet haben, sind alle verschwunden. Die Feuerwehr ist der letzte Treffpunkt der gemeinsamen Aktivität und der Beachvolleyballplatz, der aber jetzt zum größten Teil leer steht, seitdem er neu gemacht wurde. Jedes Dorf braucht einen Motor, der für Aktivität sorgt. Bei uns ist das der Verschönerungsverein, danke an alle, die Hand anlegen und mitmachen.

Apropos. Seit Kurzem erwarten Sie zwei weitere Highlights in Sprögnitz »Hans Hagebutte« und »Anna Apfelminze«. Das sind zwei »Land-Lofts« der ganz besonderen Art. Lust, einmal im Kräutergarten zu schlafen? Dann können Sie für ein paar Tage einchecken. Immer wieder hatten uns Besucher gefragt, ob sie in unserem kleinen, feinen Dorf auch übernachten könnten. Wir haben unsere Nachbarn gefragt, ob jemand Gästezimmer anbieten will. Das Echo war überschaubar. Machen wir es selbst? Ja, aber anders. Zusammen mit einem innovativen, österreichischen Jungunternehmen haben wir spannende, energieautarke Wohnwaggons entwickelt. Jetzt stehen die beiden »Land-Lofts« mitten im Kräutergarten des »Frei-Hof«, gebaut aus Vollholz und Schafwolle, mit Platz für vier Personen oder eine fünfköpfige Familie. Ein echt sinnliches Erlebnis und eine andere Art von Ferienwohnung, außerdem ein CO_2-verträglicher Urlaub mit hohem Freudefaktor.

Nachdem unsere Gäste meist mehrere Stunden bei uns verbringen und oft von weit herkommen, wollten wir ihnen auch bei der kulinarischen Stärkung was Besonderes bieten. Ein Dorfwirtshaus wäre ideal. Doch das gab es in Sprögnitz noch nicht. Besser gesagt, nicht mehr. Vor zwanzig Jahren hatte das Letzte zugesperrt. Was wir aber im Dorf hatten, war eine alte Hofruine. Mit viel Hirnschmalz und großen Investitionen machen wir uns daran, eine kulinarische SONNENTOR-Heimat daraus zu formen. Klar war, dass wir nicht das übliche halb fertige Essen anbieten wollten, sondern Regionales, Frisches, Saisonales und Biologisches. Dabei erwiesen sich auch viele unserer Kräuterbauern als Lieferanten für köstliche Zutaten. Neben dem Kräuteranbau wird auf deren Höfen auch bestes Gemüse, Getreide, Fleisch, Nudeln und noch vieles mehr produziert, was wir hier natürlich einsetzen wollten. So ein Konzept muss auch mit den richtigen

Leuten beseelt werden. Damit sich die Neuen gut einleben konnten, haben wir das Team für Küche und Service schon einige Monate vor der Eröffnung angeheuert. Leider hat das nicht geholfen – diese Auswahl erwies sich als Ansammlung von Sternschnuppen, die rasch wieder verglühten. Vierzehn Tage vor der Eröffnung fehlte am Herd der Küchenchef und drei Monate nach dem Aufsperren 2014 bekam ein neues Serviceteam seine Chance. Mein Steuerberater formulierte diesen holprigen Start auf seine Weise: Vier Mal könnten wir noch ein Gasthaus eröffnen, dann müssten wir keine Steuern mehr zahlen. Danke für den Wink mit dem Zaunpfahl.

Spinnert ist gut, aber ich weiß schon, wo die Grenzen sind.

Wir haben die Herausforderung Gastronomie trotzdem angenommen und sind heute sehr stolz auf unsere »Leibspeis'«, die feinsten regionalen Biogenuss auf die Teller zaubert. Mit einem Team, dem man die Freude dran auch ansieht.

Irgendwann soll in Sprögnitz selbst Kreislaufwirtschaft ganz einfach zu verstehen sein, weil wir sie vor Ort umsetzen. Das ist mein Plan. Ein Haus weiter, oben auf dem Hügel, steht seit 2016 der »Frei-Hof« unser neues »Familienmitglied«. Dort wollen wir den Beweis antreten, dass mit den Prinzipien der Permakultur nachhaltig gute Lebensmittel uns praktisch fast in den Mund wachsen. Wir brauchen kein Gift und keine Riesentraktoren, wir brauchen Verstand, Einfühlung, Know-how über Zusammenhänge, wenn wir biologisch nachhaltig wirtschaften wollen. Der »Frei-Hof« ist für uns auch deswegen interessant, weil er so gut zu unserem Selbstversorgerdenken passt. Alleine in unserer Betriebskantine kochen wir täglich für 200 Menschen, dazu kommt das Gasthaus »Leibspeis'«, das unseren Gästen aufwartet. Wir brauchen also schon selbst einiges an Erdäpfeln, Karotten, Fisolen oder Salat, um die hungrigen Mäuler in Sprögnitz satt zu bekommen.

Mit Ideen wie dem »Frei-Hof« sind wir wieder einmal auf der spinnerten Seite, zumindest aus Sicht derer, die meinen, alles so machen zu müssen, wie andere es ihnen vorsagen. Natürlich müssen wir auch da in Vorleistung treten und in diese spinnerte Ideen erst mal investieren. Aber nach einigen Jahren der Aufbauarbeit wird der Hof so weit gewachsen sein, dass er sich auch wirtschaftlich rechnet und hoffentlich viele Leute inspiriert und Nachahmer findet. Aber ist es nicht bei allem im Leben so, dass man erst einmal anfangen und etwas wachsen lassen muss, bevor man wie die Goldmarie den Lohn dafür bekommt?

Wir träumen außerdem davon, das Dorf weiter zu beleben, vielleicht mit Handwerk, das früher in jedem Ort zu finden war – erlernbar für alle Interessierten; auch mit einer eigenen Schule, mit der Idee der Nachhaltigkeit und des Gemeinwohls. Mit Werten, die in die Zukunft tragen, und nicht mit politischen Streitereien, die nur demotivieren und nichts weiterbringen. Die nächste Generation rückt nach und wir tun so viel wie möglich für sie. Beispielsweise auch durch unseren Kindergarten, der bewusst in der Mitte unseres Tuns platziert ist. Im »SONNENSCHEINCHEN« tummeln sich das ganze Jahr die Kleinsten. Kinder aus dem Dorf, Kinder unserer Mitarbeiter und meine eigenen Buben, die alle eine große Gaudi miteinander haben. Der SONNENTOR Kindergarten ist das Herzstück unserer kleinen Welt in Sprögnitz.

Wir arbeiten in Wirklichkeit für unsere Kinder. Ihnen gehört die Zukunft.

Und diese Zukunft gelingt nur gemeinsam. Es ist Zeit, die Scheuklappen abzunehmen. Als meine Frau und ich auf dem Höhepunkt der Fluchtbewegung aus Syrien einer Familie für drei Jahre unser kleines Gästehaus überlassen haben, haben wir gesehen und gespürt, wie es anderen Menschen geht. Wie man mit ihnen verfährt und was wichtig ist im Zusammenleben mit fremden Kulturen, wir wollen diese Zeit nicht missen. Unsere Dankbarkeit unseren Werten gegenüber ist damit gewachsen. Dazu passend finden wir auch gelebte Eigenverantwortung sehr wichtig. Wahrnehmen – Stellung beziehen – und auch den Mut haben, damit politisch anzuecken – achtsamer Aktivismus ist unserer heutigen Zeit wichtiger denn je.

Wir hoffen auch darauf, dass in der Landwirtschaft generell bald neue Wege gegangen werden. Unsere noch sehr ursprüngliche Umgebung mit Flüssen und Wäldern, nassen Wiesen und sandigen Böden lässt eine Agrarindustrie in großem Stil nicht zu. Es gibt zwar Versuche, aber wer den Rechenstift zur Hand nimmt, wird bald eines Besseren belehrt. Es zahlt sich einfach nicht aus, noch mehr Chemie einzusetzen und die Flächenförderungen der EU gehen Gott sei Dank zurück, und das langfristig. Ich bin damit gar nicht unglücklich, denn die flexiblen Bauern bleiben, und diejenigen, die immer mehr vom Gleichen machen, werden weniger. Es ist wie überall, die Beweglichen bleiben fit und wendig. Die anderen sitzen zwar auf großen Maschinen, damit aber auch auf großen Schuldenbergen.

Für mich müssten die Förderungen nach den Arbeitsplätzen auf dem Bauernhof gerechnet werden und nicht nach den Flächen.

Deshalb richten wir uns seit Anfang an nicht nach Börsenpreisen, denn das kann nicht gesund sein, das ist gegen das Gemeinwohl. Wertschöpfung mit Wertschätzung ist die Zukunft!

Wir investieren, um Menschen anzuregen, um ihnen eine Idee zu geben, wie die Welt auch funktionieren könnte. Wir alle sind Gewohnheitstiere, machen in der Regel jeden Tag und oft ein halbes Leben lang dasselbe. Das ist auch okay, wenn wir trotzdem neugierig und offen bleiben.

Warum setzen nicht mehr Menschen »spinnerte« Ideen um? Vermutlich, weil sie Angst haben. Das kenne ich so kaum. Ich bin ein Freigeist, ich mag nichts, was mich einengt. Wenn ich etwas riskiere, überlege ich, was ich verlieren kann. Ich kenne meine Grenzen. Diese überschreite ich nur in harmlosen Fällen, beispielsweise beim Schnapsen. Ich habe viel probiert, bin auch auf die Nase gefallen, aber auch mein Selbstvertrauen ist gewachsen. An meinen Mitarbeitern sehe ich, dass es sogar ansteckend sein kann. Was wir geschafft haben, geht überall auf der Welt. Schritt für Schritt, nur wer den fünften vor dem ersten machen will, wird ein Problem bekommen. Aus Angst werden Menschen gierig, ungeduldig, neidisch, machtversessen. Damit ist man schlecht beraten.

Wie geht man es am besten an, wenn was in einem »brodelt«? Ich bin immer gut damit gefahren, mir meine Ideen, Werte und Visionen aufzuschreiben. Was will ich bewirken? Welche Werte sind mir wichtig? Wie schaut mein Leitbild aus? Wenn das schwarz auf weiß dasteht, kann man es auf sich wirken lassen, daran feilen und die Schritte dann der Reihe nach umsetzen. Dann folgen die Taten, die Ergebnisse bringen und im Erfolg münden. »Einmal gedacht, hundertmal gemacht«, so fängt alles an. Wir müssen selbst an unsere Ideen glauben. Wenn wir hinfallen, sollten wir uns einfach an Kindern, die laufen lernen, ein Vorbild nehmen: Sie fallen hin, stehen auf und probieren es sofort wieder. Ich glaube an das langfristig Gute. Geld ist für mich dabei nicht so wichtig. Komisch, aber ich hatte immer genug davon. Für mich sind das nur Nummern. Wenn es einmal auf dem Konto nicht so gut ausgesehen hat, habe ich gewusst, es kommt wieder. Je mehr ich ausgebe und nachhaltig investiere, desto mehr fließt zurück. Wir werden durch viele spinnerte Investitionen auch nicht reich. Ich denke da momentan gerade an den »Ü-60-Partybauernhof«, den ich sicher noch umsetzen werde, schon allein aus Wertschätzung der älteren Generation gegenüber und weil ich überzeugt bin, dass wir trotz Digitalisierung und Globalisierung in erster Linie soziale Wesen sind.

Spinnerte Ideen haben ihren Ursprung in unseren Bedürfnissen und unseren Sehnsüchten. Wir wollen ein gutes Leben, wir wollen im Gleichgewicht sein, Ungerechtigkeiten ausgleichen, wir wollen nichts runterschlucken, was uns dann schwer im Magen liegt. Wenn ich etwas nicht verstehe, frage ich nach. Letztlich kommen meine spinnerten Ideen aus meinem Bauchgefühl. Dort reagiert mein Zentralnervensystem – wenn mir etwas auf die Nerven geht, muss ich es ändern, bevor ich platze.

Ich wünsche mir sehr, dass sich Menschen noch mehr selbst spüren, dass sie Mut und Courage entwickeln, nicht auf irgendwen warten, sondern selbst etwas verändern.

Den Jammerern und Krisenpropheten sollen wir ins Gesicht lachen und mit der Veränderung, die wir wollen, selbst anfangen.

Ein großer Teil meiner Arbeit ist heute, meine Geschichten zu erzählen. Ich werde zu Vorträgen in unterschiedliche Branchen und Länder eingeladen. Es überrascht mich selbst, wo man überall wissen will, wie SONNENTOR gewachsen ist. Ich war an der Wirtschaftsuniversität in Albanien eingeladen, aber auch an der Wirtschaftsuniversität in Wien. Ein Student hat mir danach geschrieben: »Ich habe in diesen 30 Minuten mehr gelernt als in meinen fünf Semestern zuvor.« Ich habe mich an meine zwei Wochen an der Universität erinnert. Heute trage ich dort vor, was ich damals dort lernen wollte.

Ich hatte wirklich oft Glück. Ich war zur richtigen Zeit am richtigen Ort und habe immer gehandelt, aufgezeigt und nicht nur zugeschaut, Bauchgefühl und Courage sei Dank. Ich möchte meine Lebenserfahrung weitergeben. Geschichten bewegen, wenn sie von unseren Wurzeln erzählen. Wenn wir wissen, woher wir kommen, wissen wir auch, wohin wir gehen. Ich freue mich auf die Zukunft, sie arbeitet für uns. Wir müssen nur zur richtigen Zeit am richtigen Platz sein und mitmachen. Die Vorzeichen, dass die Welt mit jedem Tag ein besserer Ort werden kann, stehen gut. Und die Freude wächst weiter.

AUCH GUT ZU WISSEN

Sinneserlebnis Sprögnitz

Unser Dorf hat sich inzwischen zum Kräuterdorf gemausert. Sprögnitz, einige Kilometer südlich von Zwettl gelegen, ist seit 1992 die Heimat von SONNENTOR. Langsam wächst das Dorf über sich hinaus und ist sich seiner selbst und seiner Qualitäten immer mehr bewusst. Wer SONNENTOR besucht, taucht heute ein in eine duftende, sinnliche Welt. Neben Kräuterwanderungen, einem Besuch in unserem Permakultur-Garten oder unserer Hildegard-Oase gibt es für Wissbegierige auch Seminare. Sie erfahren beispielsweise mehr über das unglaublich reiche Bodenleben, können essbare Landschaften und Wildniszonen anlegen, sie bauen einen Lehmbackofen und können daheim gleich ausprobieren, wie Selbstversorgung nach Permakultur funktioniert. Sprögnitz ist aber auch Kulinarik pur. Die »Leibspeis'«, das SONNENTOR Dorfwirtshaus, verwöhnt mit saisonaler, regionaler und frischer Biokost, lockt aber auch mit Grillkursen für Fortgeschrittene, Bratensonntagen und Unterhaltung bei Dinner-Comedy. Dabei werden Gaumen und Lachmuskeln angeregt. Herrlich! Sie lernen bei uns, Brotkörbe selbst zu binden, denn altes Handwerk gehört zum Dorf. Vielleicht wollen Sie aber auch Ihre Anspannungen lösen, Ihre Mitte stärken und mit Wildkräutern Ihren Wohlfühlfaktor erhöhen. Unser Seminarprogramm ist vielfältig. Außerdem trifft man dort praktisch immer nette Leute. Wir sind überzeugt, dass eine bessere Welt weniger Ärger und dafür mehr Freude braucht. Wer ins Tun kommt, gestaltet die Welt neu. Das trifft unsere Vision. Deswegen gehören wir zusammen, alle, die SONNENTOR lieben und gerne nach Sprögnitz kommen. Ganz besonders freuen wir uns auf Ihren Besuch bei unseren Festen. Jeden ersten Sonntag im Mai das Bio-Bengelchen Fest und am 15. August zu Maria Himmelfahrt das Kräuterfest mit vielseitigem buntem Rahmenprogramm.

Schau ma, mach ma, tua ma

WILLKOMMEN IM WALDVIERTLER
KRÄUTERDORF SPRÖGNITZ

EINTAUCHEN IN DIE DUFTENDE
KRÄUTERWELT

UNSER GSCHÄFT IM DORF,
ANDERE SPERREN ZU,
WIR MACHEN EIN ERLEBNIS DRAUS
UND BAUEN UM UND AUS.

BLICK HINTER DIE KULISSEN
BEI UNSEREM TÄGLICHEN TUN

Schau ma, mach ma, tua ma

WISSEN UND SCHMECKEN, WAS DRINNEN IST,
IN UNSERER LEIBSPEIS'
FRISCH GEKOCHT UND BIOZERTIFIZIERT

SCHLAFEN IM KRÄUTERGARTEN IN UNSEREN LAND-LOFTS
ANNA APFELMINZE UND HANS HAGEBUTTE

Schau ma, mach ma, tua ma

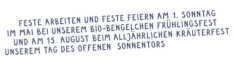

FESTE ARBEITEN UND FESTE FEIERN AM 1. SONNTAG IM MAI BEI UNSEREM BIO-BENGELCHEN FRÜHLINGSFEST UND AM 15. AUGUST BEIM ALLJÄHRLICHEN KRÄUTERFEST UNSEREM TAG DES OFFENEN SONNENTORS

Schau ma, mach ma, tua ma

AUCH GUT ZU WISSEN

Permakultur am Frei-Hof

Auf dem »Frei-Hof« von SONNENTOR haben Sigrid Drage und Andreas Voglgruber als Jungbauern angeheuert. Die beiden Ökologen, Biologen und grünen Daumen kennen sich aus, wie Landwirtschaft permakulturell funktioniert. Diese Methode greift auf ein tiefes Verständnis von ökologischen Kreisläufen zurück. Alles hängt zusammen und bedingt Wachstum: Boden, Klima, Pflanzen, Fruchtfolgen und vieles mehr. Die industrialisierte Landwirtschaft hat vieles davon vergessen oder verworfen. Auf dem »Frei-Hof« holt SONNENTOR dieses Wissen wieder zurück in die Praxis. Wir sagen, das ist eine – friedliche – Revolution, getarnt als Gärtnern. Die Verwandlung des »Frei-Hof«-Areals geht langsam vonstatten. Natur braucht Zeit. Und sie ist nicht perfekt. In der Permakultur haben Beobachten, sanftes Eingreifen, Geduld und Lernen in der Praxis große Bedeutung. Sonst hätten wir ja gleich einen großen Traktor anschaffen und Pestizide heimtragen können. Für Selbstversorgung und Gemeinwohl braucht man aber beides nicht. Ihr Wissen der Permakultur geben sie gerne in Seminar- und Praxistagen weiter. Man lernt darin auch, dass sich die permakulturellen Gedanken in alle Lebensbereiche übertragen lassen. Und beim alljährlichen Jungpflanzenverkauf im Frühjahr gibt's permakulturellen Pflanzennachwuchs, der dann in Ihren Beeten, Kistchen und Balkontöpfen sein kräftiges Leben entfaltet.

HIER IST PLATZ FÜR IHRE GANZ PERSÖNLICHEN
SPINNERTEN IDEEN UND GEDANKEN!

ICH LADE SIE EIN: SETZEN SIE SICH
ZUMINDEST GEDANKLICH DIE „ROTE" BRILLE AUF
UND HÖREN SIE AUF IHR BAUCHGEFÜHL.

ICH WÜNSCHE VIEL FREUDE DABEI,
UND NICHT VERGESSEN:

„WER SPINNT, GEWINNT!"

Hannes' Leibspeis'

Hannes' Leibspeis'

Rezepte

Z u den wichtigsten Bodenschätzen des Waldviertels zähle ich Erdäpfel, Pilze und Mohn. Um sie zu ernten, braucht man nicht tief zu bohren, sondern muss sich nur bücken. Von Kind auf war ich zum Legen, Pflegen und Ernten der tollen Knollen am elterlichen Hof eingesetzt. Im Waldviertler Boden wachsen sie besonders gerne. Mit weniger Mühe verbunden, dafür eine Augenweide waren die blühenden Mohnfelder im Frühling. Wenn sich die zarten Blüten in Rosa, Weiß oder Rotblau im Wind wiegen, bekomme ich heute noch warme Gefühle. Und Appetit. Kennen Sie Mohnnudeln? Die perfekte Symbiose aus Kartoffeln und Mohn, herrlich süß und eine absolute Lieblingsspeise, die ich mir auch heute noch öfter wünsche.

Im Waldviertel ist es zum nächsten Baumbestand nie weit. Ich liebe es besonders, im lichten Schatten hoher Bäume oder auch im Dickicht des Jungwaldes nach Pilzen zu suchen – und vor allem, sie zu finden. Neben den Bodenschätzen haben mir es auch die Waldviertler Wasserschätze angetan. In den Teichen tummeln sich Karpfen und in den Bächen die Forellen. Ich bin froh, dass andere sie für mich fangen, denn ich liebe traditionelle Fischspeisen. Aber was schwärme ich Ihnen vor? Zum Abschluss unserer gemeinsamen Tour durch dreißig Jahre SONNENTOR verrate ich Ihnen noch ein paar meiner Waldviertler Lieblingsrezepte. Alles, was Sie dazu brauchen, muss nicht von weit her gekarrt werden, es gedeiht quasi vor unserer Haustür. Probieren Sie es doch selbst aus.

Hannes' Leibspeis'

Geröstete Schwammerl mit Ei

ZUTATEN (FÜR ZWEI PORTIONEN)

1 kleine Zwiebel
2 EL Butter
500 g frische Eierschwammerl (Pfifferlinge)
2 Eier
SONNENTOR Zaubersalz
SONNENTOR Pfeffer bunt
frische Petersilie, klein gehackt

ZUBEREITUNG

Die Zwiebel fein hacken, die Eierschwammerl blättrig schneiden. Zwiebel in der Butter goldgelb anrösten, die Eierschwammerl mitrösten. Die Eier versprudeln, über die Schwammerl gießen und verrühren, bis die Eier gestockt sind. Mit etwas SONNENTOR Zaubersalz und Pfeffer würzen und vor dem Servieren mit frisch geschnittener Petersilie garnieren.

TIPP
DIE GERÖSTETEN SCHWAMMERL SCHMECKEN HERVORRAGEND MIT GRÜNEM SALAT, SERVIERT AUF EINER GETOASTETEN SCHEIBE VOLLKORNBROT.

Hannes' Leibspeis'

158

Waldviertler Steinpilzsuppe

ZUTATEN (FÜR 4 PORTIONEN)

300 g frische Steinpilze
2 EL Butter
½ Bund frische Petersilie, klein gehackt
2 EL Dinkelmehl
750 ml Wasser
3 TL SONNENTOR Gemüsesuppe klar
200 ml Schlagobers
SONNENTOR Zaubersalz
SONNENTOR Pfeffer bunt

ZUBEREITUNG

Die Steinpilze putzen und in kleine Stücke schneiden.

Butter im Topf schmelzen und die gehackte Petersilie darin rösten. Danach das Mehl dazugeben, alles kurz durchrühren, mit dem Wasser aufgießen und die Gemüsesuppe einrühren.

Alles 5 Minuten köcheln lassen und dann die Steinpilze dazugeben.

Mit Schlagobers verfeinern und nochmals ca. 10 Minuten köcheln lassen.

Zum Schluss mit Salz und Pfeffer abschmecken. Zum Servieren mit frischer Petersilie garnieren.

Hannes' Leibspeis'

160

Gefüllte Erdäpfelbuchteln

ZUTATEN (FÜR 6 PORTIONEN)

160 g mehlige Erdäpfel
SONNENTOR Zaubersalz
100 ml Milch
1 Prise Zucker
30 g frische Germ
40 g flüssige Butter
100 g Mehl, glatt
100 g Kartoffelstärke
3 Eidotter
Mehl zum Stauben
200 g Champignons
1 EL Butter
150 g Erbsen aus der Dose oder frische gekochte Erbsen
100 g getrocknete Tomaten
1 EL SONNENTOR »Sieglindes Erdäpfelgewürz«
Salz
SONNENTOR Pfeffer bunt
150 g flüssige Butter zum Einfetten der Buchteln

ZUBEREITUNG

Die Erdäpfel waschen, schälen und in Würfel schneiden. Im Salzwasser weich kochen, danach abseihen und ausdampfen lassen. Anschließend durch eine Kartoffelpresse in eine große Schüssel drücken.

Für das Dampfl die Milch leicht erhitzen und den Zucker zugeben. Die Germ hineinbröseln und auflösen. Das Dampfl mit 40 g Butter, dem Mehl, der Kartoffelstärke und den Eidottern zu den Erdäpfeln geben und alles gut durchkneten. Die Schüssel mit einem feuchten Tuch abdecken und den Teig 40 Minuten ruhen lassen, sodass er aufgehen kann.

In der Zwischenzeit die Champignons putzen, blättrig schneiden und in Butter rösten. Die Erbsen abseihen und zu den Champignons geben. Die getrockneten Tomaten klein schneiden und mit dem Salz, dem Pfeffer und »Sieglindes Erdäpfelgewürz« würzen.

Den Erdäpfelteig auf einer bemehlten Fläche zu einer ca. 4 cm dicken Rolle formen und in 2 cm breite Stücke teilen. Die Stücke flach drücken und jeweils etwas Fülle in der Mitte platzieren. Den Teigrand darüberschlagen und den oberen Rand in die flüssige Butter tauchen.

Die Buchteln nebeneinander mit der »Nahtstelle« nach unten in eine mit Butter ausgefettete Auflaufform setzen. Mit einem Tuch zudecken und nochmals 30 Minuten gehen lassen.

Vor dem Backen eine feuerfeste Kaffeetasse mit Wasser ins Backrohr stellen. Die Buchteln im vorgeheizten Backrohr bei 170 Grad Heißluft ca. 30 Minuten goldgelb backen.

TIPP
DIE BUCHTELN MIT EINEM FRISCHEN GRÜNEN SALAT SERVIEREN!

Hannes' Leibspeis'

Gebackenes Karpfenfilet in Mohnpanier

ZUTATEN

Karpfenfilets
(pro Portion 1 Filet à 180 g)
SONNENTOR Zaubersalz
SONNENTOR Pfeffer bunt
SONNENTOR Fischgewürz
Zitronensaft
100 g Mehl
70 g Semmelbrösel
70 g SONNENTOR Graumohn gemahlen
3 Eier, verquirlt
Fett zum Herausbacken
Petersilie zum Bestreuen

ZUBEREITUNG

Die Karpfenfilets entgräten und anschließend mit einer Küchenrolle trocken tupfen. Mit Salz, Pfeffer, Fischgewürz und Zitronensaft auf beiden Seiten gut würzen. Die Semmelbrösel und den Mohn mischen. Die Eier verquirlen und leicht salzen. Die Fischstücke zuerst in Mehl, dann in den Eiern und zum Schluss in der Semmelbrösel-Mohn-Mischung wälzen. In heißem Fett leicht schwimmend herausbacken. Abtropfen lassen und vor dem Servieren mit frisch gehackter Petersilie bestreuen.

TIPP
DAZU PASST HERVORRAGEND ERDÄPFELSALAT.

Hannes' Leibspeis'

Forelle mit Pilzfüllung

ZUTATEN (FÜR 4 PORTIONEN)

4 Bioforellen (küchenfertig im Ganzen)
200 g frische Steinpilze oder Champignons
1 rote Zwiebel
4 EL Dinkelbrotbrösel
4 EL Butter
SONNENTOR Pfeffer bunt
SONNENTOR Zaubersalz
1 Bund Petersilie, gehackt
3 EL SONNENTOR »Sven's Fischgewürz«
6 EL Hanföl

ZUBEREITUNG

Die Pilze putzen, trocken abreiben und in feine Scheiben schneiden. Die Zwiebel schälen und fein hacken. Die Dinkelbrösel in etwas Butter anrösten. Die Zwiebel in der Butter gemeinsam mit den Pilzen anrösten, dann mit den Bröseln und der Petersilie mischen.

Den Backofen auf 180 Grad Heißluft vorheizen.

Die Bioforellen waschen und trocken tupfen und innen salzen, pfeffern und mit dem Fischgewürz innen gut würzen. Mit etwa der Hälfte der Pilzmischung füllen und mit Küchengarn zusammenbinden.

Den Großteil des Hanföls in einer Pfanne erhitzen und die Bioforellen darin auf jeder Seite etwa 1 Minute anbraten. Die Fische in eine Auflaufform geben und die übrige Pilzmischung darauf verteilen. Mit dem restlichen Öl beträufeln und mit Salz und Pfeffer würzen. Den Fisch im vorgeheizten Rohr etwa 40 Minuten schmoren. Vor dem Servieren das Küchengarn entfernen.

TIPP
DAZU WEISSBROT ODER SALZKARTOFFELN MIT KRÄUTERN REICHEN.

Hannes' Leibspeis'

Waldviertler Gute-Laune-Knödel

ZUTATEN (FÜR 4 PORTIONEN)

Topfen-Grieß-Teig
25 dag Topfen
15 dag Mehl
6 dag Margarine
1 Ei
2 Handvoll Grieß
Salz

Fülle

3 Stangen Frühlingszwiebeln, fein geschnitten
1 Gelbe Rübe, fein gewürfelt
¼ Bund Staudensellerie, klein geschnitten
15 dag Tofu geräuchert, faschiert
20 dag Grünkern gekocht, kalt werden lassen und dann faschieren
10 dag Topfen (Quark)
SONNENTOR Zaubersalz
SONNENTOR Gute-Laune-Gewürzzubereitung
SONNENTOR Galgant
SONNENTOR Petersilie

ZUBEREITUNG

Teig: Alle Zutaten zu einem geschmeidigen Teig verarbeiten und diesen eine halbe Stunde zugedeckt im Kühlschrank rasten lassen.

Fülle: Die Frühlingszwiebeln und das Gemüse in Pflanzenöl leicht anschwitzen, mit den restlichen Zutaten vermischen und würzen. Aus der Masse kleine Kugeln formen und im Kühlschrank fest werden lassen.

Aus dem Teig eine Rolle formen und gleich große Scheiben abschneiden, etwas flach drücken, mit Fülle belegen und zu Knödeln formen. Die Knödel in kochendem Salzwasser 10 bis 15 Minuten ziehen lassen.

WISSENSWERTES

Die Gute-Laune-Knödel wurden in Kooperation mit den Zwettler Wirten bei der Knödelolympiade 2004 in Zwettl kreiert.

TIPP
DAZU SERVIERT MAN AM BESTEN EINEN GEMISCHTEN BLATTSALAT.

Vogerlsalat mit Erdäpfelcroutons und Schafkäse

ZUTATEN (FÜR 4 PORTIONEN)

200 g Vogerlsalat (Feldsalat)
1 rote Zwiebel
400 g Erdäpfel (am besten »Heurige« mit dünner Schale)
2 EL Sonnenblumenöl
SONNENTOR Zaubersalz
SONNENTOR Pfeffer bunt
2 Pkg. Schafkäse
4 EL Walnussöl
4 EL Weißweinessig
1 TL SONNENTOR Honig
1 TL Senf
2 TL SONNENTOR »Alles im Grünen« Salatgewürz
40 g Walnusskerne

ZUBEREITUNG

Den Vogerlsalaat gründlich waschen, putzen und trocken schleudern.

Die Zwiebel schälen und in Ringe schneiden. Die Erdäpfel waschen und in kleine Würfel schneiden. 1 EL Öl in einer Pfanne erhitzen, Erdäpfelwürfel und Zwiebelringe darin ca. 10 bis 15 Minuten dünsten. Mit Salz und Pfeffer würzen.

Den Schafkäse in grobe Stücke schneiden.

Für das Dressing Walnussöl, Essig, Honig, Senf und »Alles im Grünen«-Salatgewürz vermischen. Die Walnusskerne grob hacken und in einer Pfanne trocken anrösten. Die Nüsse unter das Dressing geben und alles mit Salz und Pfeffer würzen.

Den Vogerlsalat auf vier Teller verteilen, Schafkäse und Erdäpfelcroutons mit den Zwiebelringen auf dem Salat verteilen und kurz vor dem Servieren mit dem Dressing beträufeln.

Hannes' Leibspeis'

Erdäpfel-Fisolen-Gulasch mit Birnenstücken

ZUTATEN (FÜR 2 PORTIONEN)

300 g Fisolen
1 Bund Junglauch
Öl zum Anbraten
2 TL SONNENTOR Paprikapulver edelsüß
300 g mehlige Erdäpfel
2 TL SONNENTOR »Wieder gut! Rainer Magen«
SONNENTOR Rauchsalz
150 g Seitan, in Streifen geschnitten
1 Birne

ZUBEREITUNG

Die Fisolen knackig kochen und abschrecken, das Kochwasser aufheben. Den weißen Teil vom Junglauch in feine Ringe schneiden, in einem Kochtopf in Öl hellbraun anrösten, mit dem Paprikapulver und etwas Wasser paprizieren. Die Gewürzmischung hinzufügen und mit 300 ml Fisolen-Kochwasser aufgießen.

Die geschälten, in Würfel geschnittenen mehligen Erdäpfel hinzufügen und köcheln lassen. Kurz bevor die Erdäpfel weich sind, die Fisolen beigeben und alles noch einmal aufkochen lassen. Die Seitanstreifen mit der geschälten, in Spalten geschnittenen Birne in Öl goldbraun anrösten und gemeinsam mit dem Gulasch anrichten.

Den grünen Teil des Junglauchs in Ringe schneiden und vor dem Servieren über das Gulasch streuen.

Hannes' Leibspeis'

Erdäpfel-Maroni-Rolle mit Apfelrotkraut

ZUTATEN (FÜR 4 PORTIONEN)

1 kg mehlige Erdäpfel, gekocht und gepresst
100 g Grieß
150 g Mehl
2 Eier
Salz
SONNENTOR Muskat gemahlen
200 g Maronipüree
50 g Walnüsse, grob gehackt
1 Stück Rotkraut (ca. 1,3 kg)
2 kleine Zwiebeln
3 EL SONNENTOR Honig
¼ l Apfelsaft
¼ l Rotwein
¼ l Wasser
2 Äpfel
1 Schuss Apfelessig
SONNENTOR Thymian
SONNENTOR Zimtstange
SONNENTOR Lorbeerblätter
etwas Stärke zum Binden

ZUBEREITUNG

Aus Erdäpfeln, Eiern, Mehl, Grieß, Salz und Muskat einen Teig herstellen.

Das Maronipüree mit den gehackten Walnüssen mischen und mit Salz und Thymian abschmecken. Frischhaltefolie auf die Arbeitsfläche legen und den Erdäpfelteig darauf ausrollen. Die Maronimasse darauf verteilen und alles zusammenrollen. Bei 100 Grad 30 Minuten im Rohr dämpfen und überkühlen lassen.

Das Rotkraut und die Zwiebeln fein schneiden. Die Zwiebeln in Honig anschwitzen. Mit Apfelsaft, Rotwein und ¼ l Wasser aufgießen und mit Essig, der Zimtstange, dem Thymian, dem Lorbeerblatt und etwas Salz würzen. Das Rotkraut dazugeben und ca. 30 Minuten weich dünsten. Die Äpfel schälen, in kleine Würfel schneiden und zum Rotkraut geben. Mit etwas Stärke abbinden.

Die Maronirolle aufschneiden und in Butter anbraten. Mit dem Rotkraut servieren.

WISSENSWERTES
DIESES REZEPT STAMMT AUS UNSEREM BIO-GASTHAUS „LEIBSPEIS'".

Hannes' Leibspeis'

Sieglindes Erdäpfelpizza

ZUTATEN FÜR DEN TEIG

250 g Roggen-Vollkornmehl
150 g Mehl
½ TL SONNENTOR Ayurvedisches Zaubersalz
½ Würfel frischen Biogerm
220 ml lauwarmes Wasser
1 EL SONNENTOR »Sonnige Grüße« Honig
2–3 EL SONNENTOR Olivenöl
etwas Öl und Mehl zum Verarbeiten

Zutaten für den Belag

4 mittelgroße Erdäpfel
2 Frühlingszwiebeln
2 EL SONNENTOR »Sieglindes Erdäpfelgewürz«
3–4 Zweige frischer Rosmarin
150 g Ziegen- oder Schafkäse
2 TL SONNENTOR Ayurvedisches Zaubersalz
3 EL SONNENTOR Olivenöl zum Beträufeln

ZUBEREITUNG

Für den Teig das Roggen-Vollkornmehl und das Mehl mischen und mit etwas Salz auf eine saubere Arbeitsfläche geben. In der Mitte eine Mulde drücken.

Den Germ in warmem Wasser auflösen und die Flüssigkeit mit dem Honig in die Mulde gießen. Von der Mitte ausgehend alles gut vermischen und nach und nach das Olivenöl dazugeben. Alles mit den Händen zu einem geschmeidigen Teig verarbeiten und auf der Arbeitsfläche ca. 5 Minuten kräftig kneten, bis der Teig elastisch ist.

Eine Schüssel mit Olivenöl ausstreichen und den Teig hineingeben, mit einem sauberen Geschirrtuch abdecken und an einem warmen Ort ca. 30 bis 45 Minuten gehen lassen, bis sich das Volumen des Teigs verdoppelt hat.

In der Zwischenzeit die Erdäpfel waschen und mitsamt der Schale in dünne Scheiben schneiden. Die Scheiben salzen, in einen tiefen Teller geben und mit kaltem Wasser bedecken. Bis zur weiteren Verwendung etwa 45 Minuten im Wasser ziehen lassen.

Den Backofen auf 250 Grad Ober-/Unterhitze vorheizen. Den Pizzateig auf einer bemehlten Arbeitsfläche dünn ausrollen.

Rosmarin waschen, trocken schütteln und die Nadeln abzupfen. Die Erdäpfelscheiben abgießen und diese gleichmäßig auf der Pizza verteilen und salzen. Drei Viertel des Schaf- oder Ziegenkäses darüberbröseln. Den Rosmarin gleichmäßig darüber verteilen. 1 EL »Sieglindes Erdäpfelgewürz« darüberstreuen und die Pizza für etwa 15 bis 20 Minuten in den vorgeheizten Ofen geben.

Vor dem Servieren den restlichen Käse darüberstreuen, mit etwas Olivenöl beträufeln und ca. 1 EL »Sieglindes Erdäpfelgewürz« darüberstreuen.

Hannes' Leibspeis'

Erdäpfel-Kürbis-Gulasch

ZUTATEN (FÜR 4 PORTIONEN)

700 g Kürbisfleisch
200 g fest kochende Erdäpfel
1 Zwiebel
5 EL Sonnenblumenöl
300 ml Wasser oder Gemüsesuppe
2 EL Apfelessig
2–3 EL SONNENTOR »Lászlós Gulaschgewürz«
2 TL Tomatenmark
1 TL Erdäpfelstärke

ZUBEREITUNG

Das Kürbisfleisch in 1 Zentimeter dicke Würfel schneiden, Erdäpfel und Zwiebel schälen und ebenfalls in kleine Würfel schneiden. Die Zwiebel in Öl glasig dünsten, die Kürbis- und Erdäpfelwürfel dazugeben, mit Gulaschgewürz und Tomatenmark würzen und mit Wasser oder Gemüsesuppe aufgießen. Alles dünsten, bis der Kürbis und die Erdäpfel weich sind.

Die Stärke mit etwas Wasser kalt anrühren und zum Gulasch geben. Nochmals kurz aufkochen lassen und anschließend abschmecken.

WISSENSWERTES
DIESES REZEPT STAMMT AUS UNSEREM
BIO-GASTHAUS „LEIBSPEIS'".

Hannes' Leibspeis'

Aladins Mohnschnitte mit Schokomousse

ZUTATEN FÜR DEN TEIG

250 g Kuvertüre
1 Blatt Gelatine
6 Eier (für die Schokomousse)
2 cl Likör oder Weinbrand
450 ml Obers
150 g weiche Butter
70 g Staubzucker
1 Ei (für den Teig)
80 g Kristallzucker
150 g SONNENTOR Graumohn
60 g Mandeln, gerieben
1,5 TL SONNENTOR »Aladins Kaffeegewürz«
4 Birnen
SONNENTOR Apfelzauber Punschsirup

ZUBEREITUNG

Die Kuvertüre schmelzen und die Gelatine in Wasser einweichen. Die 6 Eier über Dampf schaumig schlagen. Die Gelatine in Likör bzw. Weinbrand auflösen und zu der Eiermasse geben. Obers halb steif schlagen. Die Kuvertüre und anschließend das Obers unter die Eiermasse mischen. Die Schokomousse kalt stellen.

Butter und Staubzucker schaumig rühren. Den Eidotter dazugeben und weiter schlagen. Das Eiklar mit dem Kristallzucker cremig schlagen. Die Dotter-Butter-Masse mit Mohn, Mandeln und »Aladins Kaffeegewürz« mischen und den Eischnee unterheben. Auf ein Backblech verteilen und im vorgeheizten Backrohr bei 160 Grad 15 Minuten backen.

In der Zwischenzeit die Birnen schälen und achteln. Die Birnenspalten mit dem Apfelzauber-Sirup mischen, auf ein Backblech verteilen und dann bei 160 Grad im Backrohr 15 Minuten schmoren.

Den Kuchen aufschneiden und mit der Schokomousse und den Birnen anrichten.

WISSENSWERTES
DIESES REZEPT STAMMT AUS UNSEREM BIO-GASTHAUS „LEIBSPEIS'".

Hannes' Leibspeis'

Mohnzopf

ZUTATEN FÜR DEN TEIG

270 ml lauwarme Milch
60 g Butter
1 Würfel frischer Germ
oder 1 Pkg. Trockengerm (7 g)
510 g Mehl
60 g SONNENTOR Roh-Rohrzucker bio

FÜR DIE FÜLLUNG

1 EL Butter
100 ml Milch
20 g Dinkelgrieß
90 g SONNENTOR Graumohn, ganz
2 EL SONNENTOR Kokosblütenzucker bio
1 Prise SONNENTOR »Alles Liebe Blütenzaubersalz« bio
1 EL SONNENTOR Vanillepulver bio
100 ml Milch

etwas Ei und Milch zum Bestreichen (verquirlt)

TEIG

Die Milch erwärmen und die Butter darin schmelzen. Abkühlen lassen (auf ca. 35 bis 40 Grad) und dann den frischen Germ hineinbröckeln und auflösen. (Dieser Schritt entfällt bei Trockengerm.) Gemeinsam mit dem Mehl und dem Zucker erst langsam, dann schneller zu einem homogenen Teig kneten. An einem warmen Ort abgedeckt ca. 1 Stunde gehen lassen, bis sich das Teigvolumen verdoppelt hat. Dabei kann man die Schüssel in ein warmes Wasserbad stellen.

MOHNFÜLLE

Die Butter schmelzen und mit der Milch aufgießen. Dinkelgrieß, Mohn, Zucker, Salz und Vanille dazugeben und mit einem Schneebesen glatt rühren. Unter ständigem Rühren dicklich einkochen lassen.

Den Teig zu einem Rechteck ausrollen und mit der Mohnfülle bestreichen, dann aufrollen und in der Mitte auseinanderschneiden. Die beiden Teigstränge miteinander verdrehen und auf einem Backblech abgedeckt nochmal 30 Minuten rasten lassen.

Mit dem Ei-Milch-Gemisch bestreichen und bei 180 Grad Ober-/Unterhitze im vorgeheizten Backrohr ca. 25 Minuten goldbraun backen.

Hannes' Leibspeis'

Flower Power-Mohntorte

ZUTATEN (FÜR EINE 25 CM-TORTENFORM)

6 Eier
200 g SONNENTOR Graumohn, gerieben
100 g Mandeln, gerieben
50 g Schokolade, gerieben
100 g Staubzucker
250 g weiche Butter
1 EL SONNENTOR Vanillezucker
Schalen einer Bioorange und einer halben Biozitrone
80 g SONNENTOR Rohrohrzucker
1 Prise SONNENTOR Zaubersalz fein
1 Glas SONNENTOR Fruchtaufstrich Himbeere zum Bestreichen

GLASUR

250 g Staubzucker
2 El Wasser
2 EL Zitronensaft
1 EL SONNENTOR Flower Power Gewürz-Blüten-Mischung

ZUBEREITUNG

Das Backrohr auf 160 Grad Heißluft vorheizen.

Die Eier in Dotter und Klar trennen, den Mohn mit den Mandeln und der geriebenen Schokolade vermengen.

Die Butter mit dem Staubzucker, einer Prise Salz, dem Vanillezucker, der Orangen- und Zitronenschale schaumig rühren. Die Dotter nach und nach einmengen und die Masse gut schaumig rühren.

Das Eiklar mit Rohrohrzucker zu cremigem Schnee schlagen und abwechselnd mit der Mohn-Mandel-Schoko-Mischung unter die Buttermasse heben.

Die Masse in eine befettete, bemehlte Springform füllen und ca. 50 Minuten backen. Die Torte nach dem Auskühlen aus der Form lösen und auf einen Teller stürzen.

Den Fruchtaufstrich pürieren, durch ein Sieb drücken, erwärmen und die Torte auf der Oberseite und an den Seiten dünn damit bestreichen.

Für die Glasur die Zutaten zu einer glatten, dickflüssigen Masse verrühren. Flower Power Gewürz-Blüten-Mischung einmengen und die Torte oben damit glasieren.

Hannes Leibspeis'

Mohnnudeln mit Flower Power-Zwetschken

ZUTATEN (FÜR 2 PORTIONEN)

500 g mehlige Erdäpfel
150 g Weizenmehl
40 g Butter
1 Ei
1 Prise SONNENTOR Zaubersalz
200 g SONNENTOR Graumohn, gemahlen
SONNENTOR Vanillezucker
Butter
Staubzucker

ZUBEREITUNG

Die Erdäpfel in Salzwasser kochen und abkühlen lassen. Die kalten Erdäpfel schälen, reiben und mit Weizenmehl, Butter, Salz und Ei zu einem Teig verkneten.

Aus der Masse ca. 1 Zentimeter dicke und 4 Zentimeter lange Nudeln formen und diese in wallendem Wasser ca. 10 Minuten kochen, gegebenenfalls zwischendurch eine Garprobe machen.

Die Nudeln abseihen und in zerlassener Butter, Vanillezucker und gemahlenem Mohn schwenken. Mit Staubzucker bestreut servieren.

Würzige Zwetschken

ZUTATEN

500 g Zwetschken (Pflaumen)
100 ml Wasser
60–140 g Zucker (je nach Geschmack und Süße der Früchte)
Saft einer Zitrone
½ TL SONNENTOR Lebkuchengewürz
1 TL SONNENTOR Flower Power-Gewürz-Blüten-Mischung

ZUBEREITUNG

Die Zwetschken entkernen und halbieren, mit Wasser, Zucker, Lebkuchengewürz und dem Zitronensaft aufkochen lassen und zugedeckt weich dünsten. Die Flower Power Gewürz-Blüten-Mischung zugeben, eventuell noch einmal mit Zucker und Zitronensaft abschmecken.

Mit den Mohnnudeln servieren und das Gericht mit Flower Power Gewürz-Blüten-Mischung bestreuen.

Hannes Leibspeis'

Würzige Mohnbusserl

ZUTATEN

3 Eiklar
170 g Zucker
20 ml Zitronensaft
150 g SONNENTOR Graumohn bio
1 TL SONNENTOR »Hildegard Kuchen- und Keksgewürz« gemahlen bio
1 Prise SONNENTOR Zaubersalz
Schale einer Biozitrone (gerieben)

ZUM FÜLLEN

300 g SONNENTOR »Die wilde Preiselbeere« Fruchtaufstrich bio

ZUBEREITUNG

Den Backofen auf 160 Grad Heißluft vorheizen. Zwei Backbleche mit Backpapier belegen.

Die Eiklar mit dem Zucker, dem Zitronensaft und einer Prise Salz schaumig schlagen. Den Mohn, das Hildegard-Gewürz und die geriebene Zitronenschale untermischen.

Die Mohn-Ei-Mischung in einen Spritzbeutel geben und Busserl auf die mit Backpapier belegten Backbleche setzen (dabei 2 bis 3 cm Abstand zwischen den Busserln lassen, damit sie nicht zusammenkleben).

30 Minuten im vorgeheizten Ofen bei 160 Grad backen, dann auskühlen lassen.

Jeweils ½ TL Fruchtaufstrich auf eine Hälfte der Busserln streichen und je ein bestrichenes und ein nicht bestrichenes Busserl aneinanderkleben.

DANKE!

Ich hatte in meinem Leben viel Glück: Ich war oft zur richtigen Zeit am richtigen Ort und habe aufgezeigt. Danke, dass ich mich keinem Druck unterworfen habe. Ich bin eigene Wege gegangen und habe dabei viele Begleiter gefunden, die mir Mut gemacht haben, ohne dass sie es wussten. Ich möchte daher Danke sagen an meine Eltern, meine Familie, meine Kinder, ganz besonders meiner Frau und der Familie meiner lieben Frau Edith. Ich sage auch Danke an meine Lehrer, die mich nicht eingezwickt haben, die mir Selbstbewusstsein für eigene Ideen beigebracht haben. Ich danke speziell den ersten Biobauern, die mich neue Werte in der Landwirtschaft spüren ließen. Danke, dass wir erkannt haben, dass es auch ohne Ackergifte geht, für eine enkeltaugliche Umwelt. Danke der Natur, dass sie uns so reich beschenkt und noch immer so viel verzeiht. Ich danke meinen Nachbarn, die mein Tun begleiten. Ich danke all meinen Vermietern, die mir Platz für unsere Ideen geben. Ich bedanke mich bei allen MitunternehmerInnen und MitarbeiterInnen, die SONNENTOR zu dem machen, was wir heute sind. Danke für eure Talente und Ideen. Ganz besonders danke ich Maria Manger für die Umsetzung dieses Buches und für die langjährige Begleitung. Ich danke unseren Kunden und Fans, die uns vertrauen und die uns lieben, uns wertschätzend kritisieren und uns damit helfen, nie stehen zu bleiben.

BILDNACHWEIS
Fotos: SONNENTOR-Archiv/© Sonnentor-Fotografen: René van Bakel, Andreas Biedermann, Katja Greco, Markus Haffert, Studio Kerschbaum, Gerald Lechner, Stefan Öhner, Walter Grafik, Gerhard Wasserbauer
Historische Kräuterillustrationen: Courtesy of Universitätsbibliothek Wien, Royal Botanic Gardens, Kew
Übrige Illustrationen: © SONNENTOR-Archiv

STYRIA
BUCHVERLAGE

Wien – Graz – Klagenfurt
© 2018 by Styria Verlag in der
Verlagsgruppe Styria GmbH & Co KG
Alle Rechte vorbehalten.
ISBN 978-3-222-13614-6

Bücher aus der Verlagsgruppe Styria gibt es
in jeder Buchhandlung und im Online-Shop
www.styriabooks.at

Konzept und Inhalt: SONNENTOR/Johannes Gutmann, Maria Manger
Projektleitung: Maria Manger
Textredaktion: Christine Haiden
Lektorat: Elisabeth Wagner
Buch- und Covergestaltung: Stefan Öhner
Produktion: Emanuel Mauthe

Druck und Bindung: Gugler Print
Printed in Austria
7 6 5 4 3 2 1

Christine Haiden wuchs auf einem Bauernhof im niederösterreichischen Mostviertel auf und wollte als Kind gerne Briefträgerin werden. Heute ist sie Journalistin und lebt in Oberösterreich.

Über ihre Arbeit am Buch sagt sie: »Meine Neugier, wer Johannes Gutmann ist, und wie SONNENTOR sich in der Welt versteht, war schon lange geweckt. Ich staune, ich lerne, und wenn ich darf, schreib ich darüber.«